Der Duft von Ketoret in Schilo

Spuren des Höchsten in seinem Land

von Dr. Yehuda Bohrer

Fund eines Tonsiegels im Palast des Königs David

„Und der König Zedekia sandte Juchal, den Sohn Schelemjas, und
Zefanja, den Sohn Maasejas, … zum Propheten Jeremia und ließ
ihm sagen: Bete doch für uns zum HERRN, unserm Gott!"
(Jer 37,3)

Inhaltsverzeichnis

Impressum

Rabbi Dr. Yehuda Bohrer
Auf den Spuren des HÖCHSTEN in seinem Land
aus dem Englischen von Felicitas Kugel

Herausgegeben von Wilfried Gotter in der Edition „Fisch"
ISBN: 978-3-9815429-9-8
Gemeinschaftsproduktion der Sächsischen Israelfreunde e. V.
und der Norddeutschen Israelfreunde e. V.
Fotos: Freundeskreis der Sächsischen und Norddeutschen Israelfreunde
und Studio Bat Yami

Vorwort zur deutschen Ausgabe

*I*n einer Zeit, in der das Existenzrecht des jüdischen Volkes im Land ihrer Väter und der Status Jerusalems immer mehr zur Zielscheibe internationaler Angriffe werden, erhebt sich hier eine Stimme, die ruhig und gelassen Zeugnis gibt von der Brisanz und Aktualität biblischer Ereignisse. Israel ist sowohl ein Land als auch der Name eines Volkes. Keinem anderen Volk in der Welt ist so ausdrücklich und „auf ewig" ein Land zum Eigentum gegeben worden, und bei keinem anderen Volk hat sich Gott durch eine Landvergabe an ein Volk gebunden wie Er es im Fall Israels getan hat. Land und Volk sind in einer einmaligen Weise von Gott und voneinander abhängig gemacht worden, und beide wiederum stehen in einer noch nie dagewesenen geistlichen und geschichtlichen Beziehung zu ihrem Gott. Dies zu verstehen ist das Anliegen des Autors, der sich dieser Beziehung sowohl als Archäologe als auch Kenner der Heiligen Schriften verpflichtet weiß. Für ihn ist das Land Israel das Land von Abraham, Isaak und Jakob, auf deren Pfaden er uns mit wandern lässt. Er erklärt uns das Wesen biblischer Wunder in den Geschichten von Josua, Jonathan, David und vom Raub der Bundeslade durch die Philister. Er gibt uns tiefen Einblick in die Charakterzüge des zukünftigen Königs David und seinen permanenten Kampf gegen religiöse Toleranz, der ihm die Feindschaft seiner rebellischen Söhne und Ratgeber einbringt. Durch David lernen wir die Unbedingtheit des göttlichen Anspruchs auf alleinige Anbetung und die Bedeutung Jerusalems für die ganze Menschheit verstehen. In diesem Zusammenhang macht uns der Autor aufmerksam auf das heilige Hoheitsgebiet von Moria, das sich einst bis Jericho und entlang des Kidrontals bis hinunter zum Toten Meer erstreckte. Auch Sodom und Gomorra, an denen sich Gottes Strafgericht vollzog, unterlagen der Gerichtsbarkeit des Gottes Israels, der das dem Volke Israel vermachte Land „Sein" nannte. Dieses Land ist auch das Land Rahels und Leas, deren Söhne und Töchter maßgeblich am Erbe des Landes beteiligt waren, und durch deren Ehestreit bereits die Spaltung des Landes – so sieht es der Autor – vorprogrammiert war. Als am Ende auch der mächtigste Stamm Juda in die Zerstreuung geschickt wurde, da wachte Rahel in ihrem Grab am Wegesrand, an dem die Ausgewiesenen vorbeikommen mussten und verhieß ihnen, dass sie zurückkommen würden (Jer 31, 15-17). Darum nimmt die Liebe und Verehrung für „unsere Mutter Rahel" auch einen so bedeutenden Platz im jüdischen Volk ein, die gerade in unserer Zeit immer noch lebendig und relevant sind, nachdem sich das Volk wieder neu auf Wanderschaft begeben hat in seiner Rückwanderung ins heutige Israel. Es ist auch dieses Mal ein Einzug ins Gelobte Land, so wie es die ersten Israeliten unter Josua erlebt hatten. Nur fanden jene in der Tat „ein Land von Milch und Honig" vor, und ihre Urbachmachung und Kultivierung des Bodens war ein Aspekt ihres Gottesdienstes. Die neue Generation von Pionieren aber fand ungleich ein zerstörtes und desolates Land vor, was sie aber mit der gleichen Lebenskraft und Entschlossenheit wieder aufzubauen bereit waren und sind. Dies haben sie mit harter Arbeit und oft mit dem eigenen Leben bezahlt, sei es in den von Malariasümpfen verlassenen Küsten- und Inlandebenen, sei es in der kargen Berglandschaft Judäas oder den trostlosen, trockenen Wüstengebieten im Süden Israels. Hier führt uns der Autor durch gegenwärtige Geschichte, was für den Leser die Gelegenheit sein könnte, vielleicht in eine uralte Welt mitgenommen und zurückversetzt zu werden. In allem spielt die Geografie des Landes eine maßgebliche Rolle, sodass uns jedes biblische Ereignis veranschaulicht, wie sich Gott gerade an den geografischen Gegebenheiten und Details im Geschehen zu orientieren scheint. So will es jedenfalls der Autor verstanden haben. War unsere Bibellese zuvor vielleicht an manchen Stellen abstrakt und „flach" gewesen, so hilft uns der Autor, sie in Höhen- und Tiefendimensionen mitzuerleben. Dabei kommt uns noch zugute, das Geschehen von einer ganz anderen, realistischen Seite kennenzulernen – nämlich aus der ursprünglich jüdischen Perspektive.

Auch noch in anderer Weise ist dieses Buch hoch aktuell. In einer Zeit, in der das Existenzrecht des jüdischen Volkes im Land ihrer Väter und der Status Jerusalems immer mehr zur Zielscheibe internationaler Angriffe werden, erhebt sich hier eine Stimme, die ruhig und gelassen Zeugnis gibt von der Realität, Brisanz und Aktualität biblischer Ereignisse. Als Archäologe verweist der Autor auf fundierte Erkenntnisse, und als Rabbiner gibt er unschätzbare geistliche Einsichten, die diese Erkenntnisse mit einer 4000 Jahre alten jüdischen Gottesbeziehung in Einklang bringen. Für uns Christen sind diese Einsichten von besonderer Bedeutung, da sie in keinem Widerspruch zur eigenen Glaubenslehre stehen, sondern sie zutiefst bestätigen und festigen können. Allerdings stoßen wir gelegentlich auf Auslegungen, die uns fremd erscheinen, weil diese zurückgreifen auf den jüdischen *Midrasch*, der uns in der folgenden Weise von einem christlichen Experten talmudischer Literatur erklärt wird:

„Wir müssen uns erinnern … an den eingefleischten Hang jüdischer Lehrer zu einer Form der Vermittlung, die sich nicht in abstrakten Vorträgen äußert, sondern in einer Weise, die sich direkt an die Vorstellungskraft [ihrer Zuhörer/Leser] wendet, um damit das Interesse und die Sympathie des Menschen und nicht des Philosophen anzusprechen. Der Rabbiner wird zum Erzähler einer Geschichte, ob diese nun eine Parabel, Allegorie oder ein scheinbar geschichtliches Ereignis ist; das Letzte, woran er und seine Schüler denken würden, ist die Frage, ob die betreffenden Personen, Ereignisse und Umstände, welche die Lehre so lebendig vor Augen führen, real oder imaginär sind. Die Lehre ist alles; der Rahmen der Präsentation hat keinen unabhängigen Wert … Die Geschichte selbst zum Hauptthema zu machen und die Lehre dahinter verschwinden zu lassen, wie wir dies in unserer westlichen Buchstabendenkweise wohl eher zu tun geneigt sind, verdreht die jüdische Rangordnung des Denkens und tut unbewusst den Autoren vieler erbaulicher Erzählungen der Antike Unrecht."[1] (übers.) Hier erkennen wir unübersehbar die Lehrweise Jesu und damit seine jüdische Denkweise. Auch Rabbi Bohrer gebraucht zuweilen diese Art der Vermittlung und es soll uns darum nicht verwundern, dass sein Buch nicht einfach nur Archäologie ist, sondern der geglückte Versuch, tiefes jüdisches Denken hinter seinen präsentierten „Realien" zu entdecken. Wir erleben damit das Land Israel in einem neuen Licht, und somit auch in einer Tiefe, die jene Leser entdecken werden, die sich die Mühe machen, sich vorurteilslos auf diese wunderbare Reise quer durch die Thora einzulassen. Es ist der Wunsch des Autors, persönlich mit seinen Lesern ins Gespräch zu kommen. Seine archäologischen Überzeugungen und Meinungen sind gelegentlich kontrovers und können Anlass zu Fragen geben. Doch dies ist kein Nachteil, sondern involviert den Fragenden auch in einen höchst anregenden Dialog mit anderen neuzeitlichen Meinungen und Erkenntnissen, sollte der Leser zu seinem eigenen Gewinn weiterhin recherchieren und nachforschen wollen. Es gibt letztlich keine endgültigen Antworten in der Archäologie, aber die Tatsache, dass sich Archäologen für diese oder jene Meinung entscheiden, ist höchst aufschlussreich – auch im Falle unseres Autors.   *Felicitas Kugel*

---

1 Zitiert von C.J.Ball aus „The Religion and Worship of the Synagogue", W.O.E. Oesterley and G.H. Box, 1907/2012, Keren Ahvah Meshihit, S. 77-78

Vorwort

Es ist das Ziel der gegenwärtigen Studie, den Zusammenhang zwischen der Geografie des Landes Israels und der biblischen Botschaft zu untersuchen. Fest steht, dass immer dann, wenn „Realien", wie etwa geografische Merkmale und Namen erwähnt werden, sie auch positiv identifiziert werden können. Außerdem kann uns eine aufmerksame Orientierung am Detail zu einer tieferen Lernerfahrung und zur eigentlichen biblischen Botschaft hinführen. Die Tatsache, dass solche „Realien" mit in die biblischen Erzählungen einbezogen wurden, zeugt von der offensichtlichen Absicht, sie nicht nur als Beweismittel, sondern auch als Wirklichkeitskontrolle für zukünftige Generationen zu empfehlen. Aus diesem Grund gaben wir dieser Studie den Titel: „Spuren des Höchsten in seinem Land" (The Geographic Codes of the Bible).

Wenn dies schon für geografische Merkmale gilt, dann sind mit Sicherheit die archäologischen Funde biblischer Ereignisse von größter Wichtigkeit. Obwohl es sich in dieser Studie nicht um einen Überblick über biblische

Archäologie handelt, so gibt es doch eine Anzahl von Schauplätzen, deren geografische Gegebenheiten die archäologische Beweisführung untermauern und so dem Bibelforscher als Zeugnis dienen könnten. In keiner Weise ist mit dieser Studie beabsichtigt, sich in eine Diskussion mit den Bibelminimalisten und deren Überzeugung, dass es für die Zeit Josuas und der Richter kaum einen Beweis gäbe, einzulassen. Sie hinterfragen selbst die Berichte über David und Salomon. In diesem Buch geht es einzig und allein um die These, dass zwischen dem Text der Bibel und Israels Landschaft eine Übereinstimmung besteht. In diesem Sinne stellt diese Studie ein wichtiges Zeugnis für die biblische Wahrheit dar.

Einige Beispiele sollen diese Einheit von Text und Geografie veranschaulichen. In dem Bericht von dem Opfergang Abrahams und Isaaks zum Berg Moria ist nicht nur der Weg dorthin deutlich und sichtbar markiert, sondern auch wesentliche Aspekte der Prüfung, wie etwa das Land und die Aussage, dass Abraham „den Ort von ferne" sah, sind ganz konkrete physische Realitäten. Doch der wichtigste Aspekt, das Ereignis der Opferung Isaaks, nimmt noch einmal eine ganz andere Dimension an, wenn man ihn in den Zusammenhang der Geografie des „Derech haAvot", des Weges der Patriarchen" stellt.

Die in den Text eingewobenen geografischen Elemente haben nicht nur einen technischen Charakter, wie dies in dem Feuersteinhagel zu sehen ist, der auf die fliehenden Kampfwagen in der Schlacht von Gibeon niederschlug (Jos 10,11). Der Talmud (Brachot 54) empfiehlt Reisenden auf der Bet-Horon-Straße, wenn sie auf diese „avni algavisch", Feuersteine, stoßen, in Anbetracht dieses Wunders einen Segen auszusprechen. Auf genau dieser Straße kann der Reisende das Wunder noch einmal miterleben und sich diesen Engpass, wo alles stattfand, lebhaft vor Augen führen.

Der Autor

Das Land und der Bund

Einleitung

Man kann diese enge Beziehung zwischen dem Volk Israel und dem Heiligen Land auf mehreren Ebenen veranschaulichen. In der Tat untermauert das überwältigende archäologische Beweismaterial, zusammen mit dem damit übereinstimmenden historischen Bericht dieser Nation im Land Israel, die göttliche Verheißung und bestätigt den Bund. Die Bibel verkündet mit unzähligen prophetischen Äußerungen, dass sich die göttliche Vorsehung im Zeugnis des Landes ausdrückt, indem es als Zeuge und selbst als Vollstrecker göttlicher Gunst dient, oder auch Seines Zornes – Gott bewahre uns davor! – wenn Gott damit Sein Volk an Seinen Bund erinnern muss.

Der große Dichter und Philosoph, Jehuda Halevi, vermittelt in seinem Grundwerk, dem Buch *Kusari*[2], noch eine zusätzliche, zutiefst geistliche Qualität. In dem Bild vom „Weinberg" zeigt er auf, dass Prophetie ausschließlich ein Attribut des Heiligen Landes ist. Nur im Land Israel

---

2 Das Buch Kusari, Kap. 2,14

kann sich Prophetie manifestieren. Dies kann man vergleichen mit einem erlesenen Weinberg, bei dem nur eine perfekte Lage und die besten Weinstöcke für Qualität garantieren; ebenso erfordert auch Prophetie die Einheit von Land und seinem Volk.

Auf der untersten Ebene sind es gerade diese besondere Struktur des Heiligen Landes, wie auch seine geografischen und biblischen Grenzen, die Zeugnis geben von dem Bund zwischen Gott, dem Schöpfer und Seinem erwählten Volk. Ein berühmter Midrasch verkündet, dass der Allmächtige die Thora als Planungsentwurf für die Schöpfung gebrauchte[3]. Die Topografie vieler Orte schmiegt sich in vollendeter Harmonie an die biblischen Ereignisse an, die eben gerade in diesen bestimmten Geländen stattfanden. Außerdem kommt die Auslegung biblischer Textstellen, die diese Ereignisse beschreiben, durch die geografische Beschreibung der Örtlichkeit noch klarer zum Tragen. Eine solche Vorgehensweise wird mit Sicherheit das Verständnis von wichtigen Ereignissen in biblischer Geschichte vertiefen und wesentlich dazu beitragen, die in dem Geschehen ausdrücklich erwähnte Beschaffenheit von Hügeln und Tälern als perfekte Ergänzung zum Bibeltext zu verstehen. Es ist besonders diese detaillierte Ortsbeschreibung, die Wahrheit vermittelt und es den zukünftigen Generationen ermöglicht, an der Lehre und Relevanz der Bibel festzuhalten. Die dreifache Dimension der Erzählung, die sich festlegt a) im biblischen Text, b) in dem sich vor uns aufrollendem Geschehen und c) in der konkreten Beschreibung der Schauplätze mit ihren Ortsnamen, wenn alle diese Elemente sich vereinen, gestaltet ein geschichtliches Drama, welches den prophetischen Charakter der Ereignisse in biblischer Geschichte hervorhebt. Um diesen Gedanken noch einmal zu vertiefen: Hier werden die Ereignisse einer fernen Vergangenheit in die Gegenwart hereingeholt. Dadurch werden sie relevant und zu Wegweisern für die Zukunft, wenn man alles

---

3 Midrasch Rabba 1,1

Mythologische daraus beseitigt. Die genaue geografische Dimension aller biblischen Ereignisse, sowie ihre überlieferten Ortsnamen, ermöglichen die aktuelle Identifizierung dieser Schauplätze[4].

Nehmen wir aus vielen das Beispiel von der Begegnung zwischen David und Goliath (1. Sam 17,1ff), welche den Höhepunkt des Machtkampfes zwischen Israel und den Philistern darstellte. Nicht weniger als sechs beschreibende Ortsnamen werden genannt, die ein genaues Verstehen und eine aktuelle Identifizierung ermöglichen. Hier finden wir sogar die Beschreibung der typischen Formationen der Täler, wo dieses Ereignis stattfand. Wir können uns ein Bild machen von den Kampflinien des kriegerischen Gegners und selbst von der genauen Position Goliaths, sowie von dem dramatischen Auftreten des rothaarigen jungen Mannes David mit seiner Schleuder. Hinter all dem Detail steckt zweifellos die Absicht, die für den zukünftigen König von Israel notwendigen Eigenschaften hervorzuheben. Andererseits wird damit auch der Hintergrund für die Verwerfung Sauls als König erklärt. Die Tatsache, dass zukünftigen Generationen die Mittel gegeben werden, diese packende und gewaltige Geschichte innerhalb eines authentischen Rahmens zu erleben und nachzuvollziehen, wird dadurch sichergestellt, dass es mithilfe einer präzisen Beschreibung der Geografie im Bibelbericht jedem möglich sein wird, sowohl Lehrer als auch Studenten, den Schauplatz zu besuchen und selbst die Ereignisse neu zu inszenieren. Damit wird die bleibende Wahrheit von der göttlichen Beteiligung am Geschehen und Gottes Führung im menschlichen Handeln dokumentiert.

In den folgenden sechsundzwanzig Kapiteln sollen die heilige Geografie des Landes und die Schauplätze großer biblischer Ereignisse grafisch dargestellt werden. Es ist der Versuch, die Einheit zwischen Vers, Geschehen und Ortschaft aufzuzeigen, die zusammen das Wissensdreieck bilden.

---

4 Diese Methode wurde von Eusebius angewendet in seiner „Unamasticon", ebenso von Rabbi Echtori Haparchi in seinem Werk „Kaftor Vaperach". Edward Robinson (1841) erkannte in vielen arabischen Orts- namen deren biblische Wurzeln.

Die heilige Geografie Jerusalems

Harmonie zwischen Bibel und Landschaft

< Die Täler des Letzten
Gerichtes und der Kidron

*D*ie landschaftliche Gestaltung von Hügeln und Tälern, worin die heilige Stadt eingebettet ist, vermittelt eine unüberhörbare Botschaft von Heiligkeit. Auf seinem Weg zur Opferung Isaaks „erhob Abraham seine Augen und sah den Ort von ferne" (1. Mose 22,4). Abraham sah eine Göttliche Gegenwart oberhalb des Berges, da Moria selbst von einem Hügelring umgeben ist und nicht aus der Ferne gesehen werden kann. Doch wenn man den Ort der Begegnung vom Süden her anschaute, eröffneten sich vor Abraham drei deutlich erkennbare Täler in der Form des hebräischen Buchstabens ש, der den Berg kennzeichnet. Dort an der Basis, wo diese drei Täler zusammenlaufen, ist ein flaches Innenbecken, das in der Bibel „*Emek Schawe*" genannt, und als das „Tal der Könige" (1. Mose 14,17) bekannt ist. Wir werden noch sehen, dass dieser rätselhafte Vers über die frühe Form eines Gotteskultes spricht, dessen Wesen es war, den Monotheismus und verschiedene andere Formen der Gottesverehrung im harmonischen Gleichgewicht zu halten oder einfach zu tolerieren, was sich symbolisch durch das *Schawe*-Tal[5] darstellte. Es würde aber die Zeit kommen, wenn Gott dem Allmächtigen hier alleine die Ehre gegeben wird. Solche Grundsatzlehren sind tief in die Täler eingeprägt und geben damit der Heiligen Stadt ihren klaren Umriss.

Im Osten zeichnet sich das langgestreckte, mächtige Kidrontal ab, das kaskadenartig zum tiefsten Punkt der Erde hinabstürzt, wo sich am Toten Meer Orte wie *Sodom* und *Gomorra* befanden. Es ist bemerkenswert, dass dieses öde und kahle Tal, das Jerusalem mit dem Toten Meer verbindet, *Kidron* genannt wird, bedeutet dieses Wort doch „Dunkelheit". Tatsächlich waren sich die Propheten dieses Symbolismus sehr wohl bewusst. Sie übten scharfe Kritik am Volk für dessen Rückwärtsgang („*Kedoranit*") in die Dunkelheit (Mal 3,14). Im wahrsten Sinne des Wortes forderte die Sodom-Kultur die Heilige Stadt heraus.

---

5 *Schawe* bedeutet „Gleichheit".

∧ Das Tal Yehosafat – Ort des letzten Gerichtes

Der westliche Arm des bereits erwähnten Shin-Dreiecks ist bekannt als „*Gai Ben Hinnom*", das *Gehenna*-Tal, der Ort des Götzendienstes. Es gab Zeiten, in denen sich selbst die Könige von Judah zur Teilnahme am Götzendienst hinreißen ließen. Jedoch der östliche Arm, der sich zwischen dem Tempelberg und dem Ölberg erstreckt, ist bekannt als das Tal des *Jehosafat*. Hier soll bestimmungsmäßig der Ort des letzten Gerichtes sein (vgl. Joel 4,2). Der mittlere Arm ist bekannt als das *Tyropoion-Tal*. Es begrenzt die Davidstadt und den Tempelberg vom Westen her. Bildlich gesprochen kann man sagen, dass der Name Gottes den Berg stützt, da

^ Das Monument „Yad Avshalom", allgemein bekannt als das „Absalomgrab",
stand nicht immer hier. Sein wahrer Standort war im Emek Schawe.

der dreiseitige hebräische Buchstabe ש für den Namen „Shaddai" steht.
Unter diesem Namen hatte sich Gott den Vätern offenbart.

Im „*Schawe Tal*" begegnete Abraham, zusammen mit dem König von
Sodom, dem Priesterkönig von *Salem, Melchisedek*. Diese Begegnung (1.
Mose 14,17) veranschaulicht die frühe Heiligkeit Jerusalems, die von allen
in dieser Umgebung lebenden Nationen akzeptiert war. Hier handelte es
sich tatsächlich um ein bestehendes Gleichgewicht zwischen dem Monotheismus, wie er von Melchisedek repräsentiert wird und dem Götzendienst,
wie er in den umliegenden Kulturen praktiziert wurde. Selbst der König von
Sodom konnte sich der Autorität *Melchisedeks* unterstellen. Diese Dualität
dauerte so lange, bis König David die Bundeslade in die Stadt brachte
und damit die eine und ausschließliche Form der Anbetung in Jerusalem
festlegte. Durch diesen souveränen Akt zerstörte er den vorherrschenden

Konsensus und zog damit eine Feindschaft auf sich, die sich letztlich in der Rebellion Absaloms gegen ihn entlud. Im gesamten Buch der Psalmen fällt auf, dass sich David über diese Anfeindungen beklagt (vgl. Psalm 35). Indem David den Berg wieder dem Gott Israels weihte und Ihn als den souveränen Herrscher der Welt proklamierte, erfüllte er die einstige Prophezeiung vom „*Emek Schawe*" als dem Tal der Könige.

Von Moria nach Jericho

Die Jerusalem-Jericho Achse des Heiligen

Vom Höchsten zum Niedrigsten

∧ Das Land Moria schließt
Jericho mit ein

*D*ie beiden Städte sind sowohl landschaftlich als auch geistlich völlige Gegensätze, doch war es ihre eigentliche Bestimmung, sich zu ergänzen. Zwei mächtige Täler verbinden die Tiefebene von Jericho mit den Höhen *Morias*. Da ist zunächst das *Kidrontal*, das bei der Davidstadt beginnt. Es windet sich dann nach unten zum tiefsten Punkt der Erde, wo sich auch einst die Städte *Sodom* und *Gomorra* befanden. Schon der Name „*Kidron*" bedeutet „*sich auf die Dunkelheit zuzubewegen*"[6], dessen Bedeutung bereits die Propheten lehrten (vgl. Mal 3,14). Das andere Tal, das „*Nahal Perath*", auch bekannt als „*Wadi Kelt*", ist überaus reich gesegnet mit süßen Wasserquellen. Dieses Tal, im Gegensatz, zieht sich von der Tiefe Jerichos hinauf zu den Höhen von Jerusalem. An beiden Enden dieser Gegensätze offenbarte sich die göttliche Gegenwart in einer außergewöhnlichen Weise. In den Ebenen Jerichos wurden die moralisch verkommenen Städte durch eine direkte göttliche Intervention (vgl. 1. Mo 19,25) zerstört[7]. Der Allmächtige ließ den Jordan zurückfließen, und die Mauern Jerichos sanken in den Boden. Der Prophet Elias fuhr von dort in einem feurigen Wagen zum Himmel auf, ganz im Gegensatz zu Mose, der von Gott zu sich genommen wurde, doch erst nachdem er noch seinen liebenden Blick vom Berge Nebo durch das ganze Land schweifen ließ.

Im Zeichen eines Neuanfangs mit Gottes Nation wurde nach dem Eintritt ins Gelobte Land die Stiftshütte in Gilgal, östlich von Jericho, errichtet. An diesem Punkt betraten die Israeliten die Bühne der Weltgeschichte. Sie stellten zwölf mit dem Gesetz Gottes beschriebene Gedenksteine auf.

---

6 Die Sodom-Kultur ist eine Herausforderung für Jerusalem aufgrund des Götzendienstes, der im *Gai Ben Hinnom*, auch das Tor zu *Gehenna* genannt (Talmud, Eruvin,19), praktiziert wurde.
7 Ich verweise auf das Kapitel 21:„Die Verlorenen Städte im Toten Meer". Sodom und Gomorra befanden sich demnach am südlichen Ende des Toten Meeres. Es gibt allerdings auch eine Nord-Theorie, welche die beiden Städte in der Jericho-Ebene ansiedelt. Auf jeden Fall gehörten sie zur gleichen Kultur. Als Mose von Zoar ausgehend einen letzten Blick in Richtung Jericho warf (5. Mo 34,3), sah er sie alle zusammen vom Berge Nebo aus.

Eine Gruppe von Steinen wurde an dem Ort errichtet, wo die Nation den Jordan überschritten hatte. Die zweite Gruppe von Steinen errichtete man in Gilgal, in der Nähe der Stiftshütte. Die erste Mission der Nation wurde Josua geoffenbart, als ihm ein Engel des Herrn an den Mauern Jerichos entgegentrat. „Zieh deine Schuhe von deinen Füßen", so wurde ihm befohlen, „denn der Ort, auf dem du stehst, ist heilig!" (Jos 5,15). Der himmlische Bote sagte Josua, warum über Jericho das Todesurteil verhängt werden musste. Ein ganzer Zivilisationszyklus ging zu Ende. Ein blühendes und reich gesegnetes Land wie der „Garten Eden" war durch den verderblichen Einfluss der Sodom-Kultur zugrunde gerichtet worden (1. Mose 13,10). Tatsächlich lässt sich Jericho zurück zu den Anfängen der organisierten Menschheit, zum Zeitalter der Neusteinzeit, zurückverfolgen. Abraham wurde damals zum unwilligen Zeitzeugen der Zerstörung von vier frühen Stadtzentren, die von Gott selbst gerichtet wurden. Nur Zoar blieb verschont. Mit dem Beginn eines neuen Zeitalters wurde Israel damit beauftragt, das Gericht Gottes über Jericho zu vollstrecken. Ob die Bewohner von Jericho vergleichbar verkommen waren wie die von Sodom oder nicht, bleibt eine offene Frage. Vielleicht ging es gerade um diese Frage bei Achans Missachtung von Josuas Anordnung, alles in Jericho zu vernichten (vgl. Jos 2,9). Dennoch dürfte sich eine klare Antwort auf diese Frage ergeben, wenn wir bedenken, dass nur Rahab, die gerechte Frau von Jericho (vgl. Jos 2,9), und ihre Familie inmitten der allgemeinen Zerstörung der Stadt heraus gerettet wurden. Diese Tatsache könnte für uns ein deutlicher Hinweis auf die Frage der Schuldbarkeit sein. Ihre Gerechtigkeit steht im scharfen Kontrast zu der Feindlichkeit des Königs und der Bewohner. Sobald die Priester, die heilige Bundeslade tragend, ihre Füße ins Wasser tauchten, floss der Jordan auf wundersame Weise wieder stromaufwärts zurück (vgl. Psalm 114,5). Gleichzeitig war dieses Wunder aber auch eine der größten Glaubensprüfungen, vergleichbar mit der Annahme des Gesetzes auf Sinai: „Wenn ihr willig seid, den Fluss zu überqueren und in das Land

Die Elisa-Quelle.
Hier heilte der Prophet
Jerichos die verseuchte
Wasserquelle, um
dadurch endlich den
Fluch Josuas auf-
zuheben.

von sieben Nationen zu gehen, um von ihm Besitz zu ergreifen, dann wird Gott der Allmächtige mit euch sein. Solltet ihr euch aber weigern, wird die Wassersäule des aufgetürmten Jordans euer Grab werden." (Yalkut Shimoni, Josua 3,14).

Welche Gründe hatte Josua, auf jeden, der Jericho wieder aufbauen wollte, einen Fluch zu legen (Jos. 6,26), so fragen sich unsere Weisen. Die Tatsache, dass der beste Teil von Jericho der Familie des Jethro, Priester von Midian, als Belohnung gegeben wurde, zeigt doch, dass es einen bestimmten, aber begrenzten Grund für diese Verurteilung gab. Josuas Fluch vollzog sich später am Hause von Hiel Beth haEli, der tatsächlich die Stadt wieder aufbaute (1. Kö 16,34). Hiel verlor alle seine Söhne, als er sich über Josuas Fluch hinwegsetzte. Jedoch sehen wir den Propheten Elias beim Besuch im Haus des Trauernden (Talmud, Sanhedrin. 113). Was sagte der Prophet zu Hiel? Sprach er zu ihm über die tieferliegenden Ursachen des Gerichtes über Jericho? Später würde der Prophet Elisa das salzige Quellwasser von Jericho wieder süß machen (2. Kö 2,21) und in dieser Weise dessen früheren Segen wieder herstellen. Die Weisen folgern daraus, dass einer der Gründe für Josuas Verbot die Sicherheitsmaßnahme war, die eingesunkenen Mauern Jerichos für immer als sichtbares Zeugnis für das Wunder zu erhalten. Diese Mauern sollten nie wieder aufgebaut werden. In seiner Abhandlung

„Anleitung für die Ratlosen" (3:50) gibt Maimonides genau diese Erklärung als Ursache für das Verbot, die uralte Stadt wieder aufzubauen. Tatsächlich legt es der Talmud jedem nahe, der den Ort sieht, wo der Jordan vom Volk überquert wurde oder die eingesunkenen Mauern Jerichos anschaut, einen besonderen Segensspruch auszusprechen (Talmud, Berachot, 54). Als wir nach dem Sechstagekrieg das besondere Vorrecht hatten, Jericho zu besuchen, war es noch möglich, ganz deutlich bei den Ausgrabungen am *Tell* Teile der versunkenen Mauer zu sehen. Beweis dafür, dass es sich tatsächlich um die zerstörte Mauer Josuas handelte, war die gleichmäßige Außenneigung der Mauer von 7° und die Tatsache, dass die Lehmziegel überall verschoben und verrückt waren. So etwas konnte nur dann passieren, wenn große Abschnitte der Mauer einstürzten. Tatsächlich brachen die Mauerteile nicht zusammen, sondern sanken in den Boden ein (Jos 6, 20). In diesen Abschnitten der Mauer waren auch klar erkennbare, verbrannte Holzbalken sichtbar.

Ein Ziegel aus der eingesunkenen Mauer Jerichos. Man beachte den Neigungswinkel der Mauer und die deutlichen Spuren von Brand.

Im Mittelpunkt des *Tell* befindet sich die älteste Baukonstruktion, der monumentale neolithische Turm, bedeutsam als Wahrzeichen der uralten Geschichte dieser Stadt.

Die Stadt Jericho übernahm in späterer Zeit ihre vorgeschriebene Rolle als verlängerter Arm Jerusalems und des Heiligen Tempels, indem sie vor den Festtagen die große Zahl der Pilger sammelte, die noch einmal in der blühenden Oase eine Rastpause einlegten, bevor sie sich zum letzten Aufstieg nach Jerusalem aufmachten. In Jericho konnten sie noch ihre vorgeschriebenen Opfer erwerben und den nötigen Proviant einkaufen. Allerdings diente Jericho nicht nur als willkommene Raststätte für die Pilger. Sie spielte auch noch eine wesentliche Rolle für den heiligen Dienst der *Kohanim*, der Priester, im Tempel. Die gesamte Priesterschaft war eingeteilt in 24 Dienstwachen, *Mishmaroth* genannt. Jeder *Mishmar* von Priestern versah in dieser Zeit zweimal im Jahr für je eine Woche den Dienst im Tempel. Der Talmud berichtet uns, dass der halbe *Mishmar* nach Jericho ging, um ihre Brüder-Kohanim mit Wasser und Nahrungsmittel zu versorgen (Talmud, Taanit: 27). Jericho verdiente in der Tat seinen Namen als Vorhof der Heiligkeit am Versöhnungstag. Dies ist auch der Grund dafür, dass viele der Wunder im Heiligen Tempel ebenso in Jericho miterlebt werden konnten. Die *Mischna* und der Talmud berichten uns beide, dass man das *Ketoret*, dieses von den Priestern im Tempel dargebrachte Weihrauchopfer, in Jericho riechen und die himmlische Musik der Leviten hören konnte. Man war selbst der Meinung, dass man den Namen Gottes, wenn er von dem Hohepriester ausgesprochen wurde, in Jericho hören konnte (Talmud, Taanit 30).

Tausende von Kohanim gingen das ganze Jahr über jede Woche hinunter nach Jericho. So sammelten sich auch vor den drei Pilgerfesten – Pessach, Schawuot und Sukkot[8] – Hunderte und Tausende von Pilgern in Jericho, um dann gemeinsam in froher Festtagsstimmung hinauf nach Jerusalem zu ziehen. Während sie noch in Jericho weilten, würden sie selbst noch einmal die Überquerung des Jordans im Geist miterleben, und ebenso die anderen Wunder, die sich hier einst ereignet hatten. Sie würden die Gegenwart der Stiftshütte in Gilgal, aber ebenso den tiefen Fall von Baal Peor miterleben und den Akt des gerechten Zornes von Pinchas. Auch die Gegenwart Moses könnten sie dann nachempfinden und dann mit ihm den Bund erneuern, wie er es gegenüber in der Ebene von Moab getan hatte. Auf diese Weise wurde der Aufenthalt in Jericho zu einer gesegneten Vorbereitung für den Aufstieg zum Heiligen Tempel.

∧ Eingesackter Abschnitt der Lehmziegelmauer im Tel Jericho

---

8 Paschafest, Pfingsten und das Laubhüttenfest

Salem – Ein frühes Zentrum des Monotheismus

Emek „Schawe", der Eingang zu Gehenna

∧ *Emek Schawe* ist der Dreh- und Angelpunkt zwischen dem Heiligen und dessen götzendienerischer Herausforderung

*D*as landschaftlich bestimmende Merkmal des Berges Moria und der Davidstadt ist das Tal *Schawe* (1.Mose 14,7). Dieses Tal trennt von seiner geografischen Lage her den Heiligkeitsbereich des Berges Moria von dem Gebiet, das von den Nationen und deren Kulturen eingenommen wurde. „Schawe" bezieht sich auf das Gleichgewicht zwischen diesen beiden Gegensätzen. Es ist auch der Ort des Gerichtes. Hier begegnen sich frontal gegensätzliche Eigenschaften. Hier laufen steile Täler zusammen und bilden ein schmales, flaches Innenbecken, das für religiöse und kulturelle Ereignisse der Gegenseite benutzt wurde. Indes begegnete man sich gegenseitig mit einem gewissen Maß an Einverständnis und Toleranz.

Die mächtige Kidron Schlucht fällt hinab zum tiefsten Punkt der Erde, dem Toten Meer, wo sich auch der Schauplatz von *Sodom* und *Gomorra* befand. In seinen höheren Lagen zieht sich die Kidron Schlucht hinauf zu *Salem*, dem monotheistischen Zentrum. Sein südwestlicher Arm, das *Gehenna*-Tal, *Gai Ben Hinom* genannt, verkörpert den heidnischen Geist Sodoms, während das nordöstliche *Yehosafat*-Tal sich zum Ort der messianischen Hoffnung der ganzen Menschheit, des Letzten Gerichtes, hinauf windet. Wir werden noch zeigen, dass diese landschaftliche Beschaffenheit einen geografischen Entwurf darstellt, der wesentlich den Konflikt bestimmte und vorantrieb, der mit der Entstehung Jerusalems und deren geistlicher Vorrangstellung seinen Anfang nahm. Der Konflikt trat zum ersten Mal in Erscheinung, als Abraham den König von Sodom in der Gegenwart des Priesterkönigs *Melchisedek* von *Salem* brüskierte (1. Mose 14, 22-24). Dies war der erste Versuch, die Beziehung zwischen dem weltlich gesinnten Heidentum und dem höheren Anspruch des Monotheismus neu zu definieren.

Das zweite entscheidende Mal, wo sich dieser Konflikt manifestierte, war kurz vor der Eroberung der Stadt *Jebus*, der Jebusiter Stadt, durch König David. Die Jebusiter ihrerseits forderten David heraus mit ihrer Behauptung,

^ Gai Ben Hinnom und der Schauplatz des Götzendienstes als direkte Folge der Sodomkultur

dass es ihm nicht erlaubt wäre, den Vertrag zu brechen, den die Patriarchen einst mit ihnen geschlossen hatten (2. Sam 5,6). Die Jebusiter bestanden darauf, dass die Patriarchen derzeit ihre Zustimmung dazu gegeben hätten, ihnen nicht mit ihrer religiösen Dualität von Monotheismus und Heidentum, ähnlich wie ihren eigenen Glauben an El Elyon, im Wege zu stehen. Tatsächlich hatten die Stämme Israels in 400 Jahren nie die Jebusiter Hochburg von Salem erobert, da sie um dessen religiöse Dualität wussten. Auf diese Weise war eine gewisse Stabilität unter all den in der Gegend lebenden Nationen möglich gewesen. Doch David lehnte eine solche Dualität

Der Stamm Juda steckte Jerusalem in Brand

(Ri 1,8) Später lebten sie jedoch unter den Jebusitern, ebenso der Stamm Benjamin. Dies könnte man vielleicht damit erklären, dass „Jerusalem" sich auf einen größeren Außenbezirk bezog und nicht auf den Innenkern von Salem. Die Tatsache, dass man König Adoni-Bezek als Gefangenen nach Jerusalem brachte (Ri 1,7) und ebenso die Trophäen von Goliath, könnte dieser Theorie Vorschub leisten.

Es wäre dies eine Anerkennung der Rolle Salems als Friedensstadt, zu der man diese Schurken, die den Frieden störten, hinbrachte.

∧ Künstlerische Sicht von Jerusalem zur Zeit König Davids und Salomons. Mächtige Türme schützten das Wassersystem.

ab und rief im Gegenzug aus, dass es sich um einen verhassten, von den Philistern erzwungenen Kompromiss[9] gehandelt hätte. Tatsächlich erschütterte seine Eroberung der *Zion*-Festung das traditionelle Gleichgewicht, das bis zu Davids Zeiten dort existiert hatte. Auf Davids Eroberung von Zion und auf die darauf-

---

9 Ich verweise auf meinen Artikel über die Philister (Kapitel 16), der sich mit der Bedeutung von den „Blinden und Lahmen" beschäftigt (2. Sam 5,8). Die Jebusiter hielten sich nicht mehr an den reinen Glauben der B'nei Noah, den der Priesterkönig von *Salem*, Melkisedek, vertrat. Dennoch sahen sie sich immer noch als die Hüter des alten religiösen Zentrums.

︿   Ruinen der mächtigen Türme, die von David bezwungen wurden

folgende Niederlage der Jebusiter reagierten die Philister prompt, indem sie gegen David mit ihrer ganzen Streitmacht ins Feld zogen. Sie marschierten durch das *Refaim*-Tal und gelangten mit ihren Götzen in das *Schawe* Tal. Unter göttlicher Führung konnte David die Philister besiegen. Er erbeutete ihre Götzen und gab dem *Schawe* Tal einen neuen Namen, *Ba'al Perazim*, die zerbrochenen Götzen (2. Sam 5,20). David verkündete, dass es von nun an keinen Platz mehr gäbe für den gegenseitigen Kompromiss zwischen dem Herrn des Universums und der Naturreligion des *Ba'al*. David kann die „mächtigen Türme", die das Wassersystem der Stadt schützen, erstürmen. Seine Männer drangen nicht heimlich durch den „Warren Schacht", wie man irrtümlicherweise gedacht hatte. Der Kampf musste ausgefochten werden, da David seinen Männern befahl, die Jebusiter zu bekämpfen und

Die Absalomsäule

Das ursprüngliche Monument wurde ohne Zweifel von dem rebellischen Sohn Davids in *Emek Schawe* errichtet, wo er seiner Ideologie von kultureller Koexistenz ein Denkmal setzen wollte. Das heute bekannte Monument, das man Absalom zuschreibt, trägt allerdings hellenistische Züge und gehört zum Zeitstil der Hasmonäer. König David gab *Emek Schawe* den Namen „Ba'al Perazim", Ort der zerbrochenen Götzen. Er beendete damit die frühe Toleranz gegenüber der heidnischen Welt.

ihre Verteidigung zu beseitigen. Die Stadt konnte nur mit kämpferischem Mut bezwungen werden (2. Sam 5,8). Nur dadurch wäre göttliche Hilfe und Davids Rolle unter Beweis gestellt. David brachte die Bundeslade in die Davidstadt. Er erwarb sich vom Jebusiterkönig *Arauna* die uralte heilige Stätte auf dem Berg Moria, die symbolisch bekannt war als *Goren*, Tenne (2. Sam 24,21). Dort ließ er einen Altar bauen und proklamierte die Ausschließlichkeit des Bundes mit Israel. Doch erkannten *Absalom* und seine Anhänger, selbst der weise *Ahitofel*, in dieser Ausschließlichkeit eine nationale Gefahr. David war ein *Ish Damim*, ein Mann des Blutes[10], der Koexistenz unmöglich, und nie endenden Krieg unvermeidbar machte.

Absaloms Rebellion gegen seinen Vater David und seine weitverbreitete Popularität waren ein Hinweis darauf, dass das Problem der Toleranz und der Koexistenz noch nicht gelöst war. Absaloms Ansinnen war es, das alte Gleichgewicht, wie es in *Emek Schawe* existiert hatte, wieder herzustellen. Hier in dieses Tal[11] ließ er auch seine „**Absalomsäule**" aufrichten als ein

---

10 Ein „Kriegsmann" (A.d.Ü.)

11 Ich verweise auf König Davids Eroberung der Jebusiter Festung und die neuesten Erkenntnisse darüber (Kap. 16). Sowohl die riesigen Türme zum Schutz des Wassersystems, als auch die mächtigen Mauern, welche die Stadt umgaben, gehen auf das 18.Jahrh. v.d.Z. zurück, als sie eine sehr kleine Stadt schützten. Dies weist hin auf ihre Bedeutung als religiöses Zentrum.

⌃ Das Tal Refaim, Schauplatz der endgültigen Niederlage der Philister durch David

Monument zur Koexistenz. Später ließ sich *Adonija*[12] selbst in *Ein Rogel*, einem Schauplatz im *Emek Schawe*, zum König ausrufen. Er und sein Bruder *Absalom* wollten beide die Notwendigkeit für einen kulturellen Konsensus hervorheben, der ein Garant für die Stabilität in dieser Region sein würde. Die Feindschaft gegenüber David auf dieser Basis ist in vielen Psalmen thematisiert (vgl. Psalm 22, 6-18).

Bei der Einweihung des Tempels war es König Salomo nicht möglich gewesen, die Bundeslade in das Allerheiligste des Tempels zu bringen (vgl. Psalm 24). Das Portal zum Heiligtum wollte sich nicht öffnen lassen.

---

12 Der 4. Sohn Davids von seiner Frau Haggith

Alles Bitten Salomons vor dem Allmächtigen nützte nichts. Die Türen verweigerten sich. Erst als der König den Namen Davids aufrief, nahm das Allerheiligste die Bundeslade in Empfang[13]. Der Talmud, *Shabbat* 30, beschreibt, was den Feinden Davids passiert – die noch immer gegenwärtig sind – wenn sie diese Zusage Gottes erfahren: „Sie werden … am Ende in Schande besiegt werden." Die vielen Gegenspieler Davids hatten sich gegen den Bau des Heiligtums ausgesprochen, würde dies doch die Ausschließ- lichkeit des Volkes Israel betonen und den Kriegszustand verewigen. Sie drängten auf die Beibehaltung des Status quo, der vor der Zeit Davids in dieser Umgebung den Frieden gewährleistet hatte.

Dass diese Ideologie der pauschalen kulturellen Toleranz Dauer hatte, lässt sich an den götzendienerischen Praktiken des Volkes ablesen. In Jeremiah 19 wird dem Propheten aufgetragen, genau zu jenem Standort heidnischer Götzenverehrung hinunterzugehen, der sich am Eingang zum Gehenna-Tal befindet. Der Prophet macht das Volk und sogar die Könige Judas dafür verantwortlich, den Zweck dieses besonderen „Tals des Gleichgewichtes" entfremdet zu haben. „Va'yenakru et haMakom hazeh!", ruft er aus: „…Ihr habt [Mir] diesen Ort entfremdet und an ihm anderen Göttern Rauchopfer dargebracht!" (Jer 19,4). Anstatt den Nachbarnationen ein geistliches Vorbild zu sein und sie zur Heiligkeit des Berges Moria hochzuziehen, haben sie sich zu deren Götzendienst erniedrigt. Jeremias letzter Satz ist hierbei aufschlussreich. Er sagt: „Ihr habt dem *Ba'al* ein Brandopfer (Olot)[14] dargebracht! Niemals hat der Herr dies befohlen, noch wäre Ihm dies je in den Sinn gekommen!" Genau dies drückt die Spannung aus, die zwischen der Ideologie der kulturellen Toleranz und der Ausschließlichkeit Israels besteht. „Ihr opfert *Olot* auf dem Altar des

---

13 Ein gutes Beispiel für eine midraschische Auslegung (A.d.Ü.)
14 *Olot* = „Opfer im Feuer"

Gottes von Israel, und ihr bringt auch Ba'al ein Opfer dar", so empört sich der Prophet. Die einstige Erkenntnis von El Elyon existierte Seite an Seite mit dem Götzendienst. Dies aber wurde nicht länger toleriert, seit die wahre Gottesanbetung auf dem Berge Moria eingeführt wurde.

Abraham, der Melchisedek, dem Priesterkönig von Salem, und dem König von Sodom im Tal des Gleichgewichtes, nämlich *Emek Schawe*, begegnet war, hatte dies in früheren Zeiten gelehrt. Allerdings fügt die ganze Lehre noch diesen Namen „Hu *Emek HaMelech*" hinzu, was bedeutet das *Tal des Königs* (1. Mose 14,7). Das frühere Gleichgewicht wird nun ersetzt mit der königlichen Herrschaft des Königs des ganzen Universums auf Moria. Genau dies zu tun war der Auftrag von König David.

Die Namensänderung von Luz zu Bet-El

Die Verschmelzung von Bet-El mit Moria

⌃ Der Berg Hazor – Ort der
Landverheißung an Abraham und
seine Nachkommenschaft

*A*braham schlug sein Zelt an einem ganz bestimmten Ort östlich der alten und damals bestehenden Stadt Bet-El auf, von wo aus er den alten Trümmerhaufen (Tell) von Ha'Ai[15] noch weiter östlich sehen konnte. Dieser von Abraham gewählte Ort war schon seit alters her ein Heiligtum gewesen, das dem wahren Gott des Himmels geweiht war. Dieser Glaube verblasste mit den Jahren und wurde mit heidnischen Praktiken überdeckt. Von dieser Dualität gibt der Doppelname *Luz* und *Bet-El* ein beredtes Zeugnis. Abrahams Auftrag war es, den alten Glauben wieder neu zu beleben. Er baute einen Altar zu Ehren *El Elyons* und lehrte die *sieben Gesetze Noahs*.

Abraham kehrte immer wieder zur selben Anbetungsstätte zurück, um seine Mission fortzusetzen (1. Mo 13,3). Dieser bekannte Ort, *Hamakom* (göttliche Stätte), wird nicht weniger als acht Mal erwähnt[16], weil von hier aus die Zukunft des Landes eine neue Richtung nehmen würde. Abraham hatte diese Richtungsänderung vorbereitet für die Zeit, wenn das gesamte Land wieder unter die Herrschaft des einen und einzigen Gottes kommen würde. So stieg er auf einen nahe gelegenen Berg, *Baal Hazor*, und von dieser Höhe aus konnte er das ganze Land mit seinen Augen umfassen, angefangen vom Berg Hermon im hohen Norden, bis nach Ashkelon im Südwesten des Landes. Ihm wurde von Gott verheißen, dass alles Land, was er sehen konnte, das Erbe seiner Nachkommenschaft sein würde. Auf diese Verheißung folgte unmittelbar der Befehl Gottes an ihn, das Land seiner Länge und Breite nach zu durchwandern, um auf diese Weise seinen Rechtsanspruch festzumachen (1. Mo 13,17). Jeder der Patriarchen

---

15 Ha'Ai bedeutet im Hebräischen „Trümmerhaufen" und steht als Name für die berühmte uralte Ruine ohne Namen (im Arabischen ist sie einfach nur als ein „Tell" bekannt. Der Name dieser uralten Stadtmetropole war wahrscheinlich Luz, weil die Bewohner von Bet-El von dort kamen). Sie wurde bereits in der frühen Bronzezeit zerstört, doch wird der König von *Ha'Ai* mit den 31 Königen von Kanaan erwähnt, die gegen Josua kämpften (Jos 12). Die Fragen, die man sich hinsichtlich *Ha'Ai* stellt, werden in Kapitel 5 behandelt.

16 Der Name *Hamakom* wird dreimal in Verbindung mit Abrahams Mission und fünfmal mit Jakob erwähnt. Er ist das Leitmotiv für alle Geschehnisse in Bet-El.

antwortete auf das göttliche Landversprechen mit einem ganz eigenen Akt des Glaubens. Abraham tat es, indem er die Grenzen des Landes definierte. Isaak macht sein Recht geltend, indem er Brunnen grub und Felder bebaute. Doch Jakob erwarb sich nach einem Kampf in Sichem das nachhaltigste Besitzrecht, der *Kinyan*, und stellte dann einen *Matzevah*, Gedenkstein, auf. Alles begann in Bet-El. Jedoch war sein inspiriertester Akt die Umbennung der Stadt Luz in Bet-El (1. Mo 28,19). Mit diesem symbolischen Akt wiederholte er die Handlung seines Großvaters Abraham, als dieser die Souveränität des einen Gottes dem dualen Konzept vom Doppelnamen Luz/Bet-El entgegensetzte. Die Patriarchen erkannten, dass Luz das absolute Sein des Lebens und der Naturkräfte repräsentierte, doch warnten sie davor, den Lebens- und Naturkräften eine eigenständige Kraft zuzugestehen. Man könnte jetzt fragen, warum Jakob auf seiner Flucht vor Esau[17] in Bet-El verweilte. Er trat mit Sicherheit

---

17 Esau hatte seinen Sohn Elifaz hinter Jakob hergeschickt, um ihn töten zu lassen.

Das Geheimnis von Luz

„Luz" steht für das unvergängliche Sein der Lebenskräfte, deren Geheimnis scheinbar von den Bewohnern beherrscht wurde. Die Stadt war auch bekannt als Bet-El. Dieser Doppelname stellt wieder eine Dualität mit ihrer Anfälligkeit für den Abrutsch in das Heidentum dar. In Sichem gab es von alters her ein Heiligtum mit dem Namen El Baal Brith, wobei es sich wieder um ein duales Konzept handelte. Das Wort Luz mit der Bedeutung von Leben als unzerstörbares Sein wird dargestellt in dem winzigen, mandelförmigen Knochen auf der Rückseite des Halses, der unzerstörbar ist und mit dem der Mensch auferstehen wird. Luz ist auch einer der Namen für den Mandelbaum. Der Stab des Hohepriesters Aaron, der aus Mandelbaumholz bestand, blühte und brachte Blüten und Früchte hervor. Der Tempelleuchter besaß mandelförmige Verzierungen. Dies alles sind Anspielungen auf das ewige Leben.

Die göttliche Landverheißung

Der Blick vom Berg Hazor bestätigt das göttliche Versprechen. Von keinem anderen Standort aus hat man einen solch umfassenden Ausblick über das Land wie von hier, mit der Ausnahme vom Berg Nebo, der sich fast genau gegenüber östlich der Jordanebene befindet. Mose wurde vom Berg Nebo aus eine Gesamtansicht des Landes geboten, so wie sie Abraham vom Berg Hazor aus gegeben wurde. Eine Erläuterung zu 1. Mo, die man zwischen den Qumranrollen fand, geht ausdrücklich darauf ein, dass Abraham das göttliche Versprechen hier auf dem Berg Hazor empfangen hatte. Heutzutage schützt eine Radaranlage auf dem Berg Hazor das gesamte Land.

nicht so öffentlich und überall in den Ortschaften in Erscheinung, wie es Abraham getan hatte. Jakob musste hier eine Mission erfüllen. Bevor nicht sein legitimer Anspruch auf das Erbe geklärt war, konnte er nicht so viele Jahre im Exil verbringen. Jakob kam genau an die Stelle in der Nähe von Bet-El, wo einst Abraham die göttliche Landverheißung am Baal Hazor[18] empfangen hatte. Tatsächlich erhielt Jakob hier die Versicherung, dass er der legitime Erbe Abrahams war und nicht Esau. Ihm wurde in seinem Traum mitgeteilt, dass der Ort, an dem er schlief (symbolisch für das ganze Land), sein Erbe und das seiner Nachkommenschaft sein würden. In seiner Vision wurde ihm das göttliche Tor des Gebetes offenbart, wo Engel die Gebete herauftrugen, und andere Engel deren gesegnete Antwort hinunterbrachten. Diese Vision bestärkte Jakob in der Überzeugung, dass der Name „Luz" auf ein höheres geistliches Niveau erhoben werden musste. Nur von der einen und alleinigen Segensquelle flossen alles Leben und alle natürlichen Kräfte. 22 Jahre später kehrte Jakob erfolgreich nach Bet-El an der Spitze seiner Sippe

---

18 Dieser einzigartige Ort, der westlich, aber noch innerhalb des Bet-El Umfeldes lag, wird später noch identifiziert.

∧ Die Stelle von Jakobs Traum nahe des Berges Baal Hazor

zurück. Gott selbst hatte seinen Namen von Jakob zu *Israel*, als „der, welcher gesiegt hatte", umbenannt. Zuvor hatte ihm Gott gesagt: "Zieh hinauf nach Bet-El und wohne dort" (1. Mo 35,1). Was damit gemeint war, geht aus der nächsten Aufforderung hervor: „und mache dort einen Altar dem Gott, der dir erschienen ist", d.h. setze dort den Lehrauftrag von Abraham fort. Dieser fand nämlich an dieser selben Stelle, *HaMakom*, statt, doch es war jetzt nicht mehr *Jakob*, sondern *Israel* in seiner neu gefundenen Kraft, der hier als Erbe leben würde.

Zwei überaus wichtige Botschaften kamen aus Bet-El. Die erste fand Ausdruck in der Namensänderung von *Luz* zu Bet-El. Der Name „Luz" war an sich schon bedeutungsvoll, da er Träger von dem Wissen und dem

"יהוה נצב עליו"

Jerusalem

Der Name Gottes oberhalb der Stelle von Jakobs Traum (1. Mo 28,1). Hier rief Jakob aus: „Wie furchtbar ist diese Stätte! Dies ist nichts anderes als das Haus Gottes und dies ist die Pforte des Himmels!" (1. Mo 28,17).

Geheimnis um das wahre Sein des Lebens und der Naturkräfte war[19]. Wenn dieses Wissen aber von der Quelle des Lebens und Segens abgeschnitten war, dann würde die Kraft von Luz nachlassen, um götzendienerisch und selbstzerstörerisch zu wirken. Ein solches Verständnis fand Ausdruck in der Vision Jakobs von der Himmelsleiter, wo dem Menschen angeboten wird, sich nach dem himmlischen Tor des Gebetes auszustrecken.

Die zweite Botschaft war der Erbanspruch der Nachkommenschaft der Patriarchen auf das Land. Die göttliche Verheißung an Jakob, dass er von seinem Exil zurückkehren würde, war in der Tat Gottes Zusicherung

---

19 Die geheimnisvolle Realität von *Luz* wurde von den Rabbinern erkannt in der Geschichte des Mannes, der von Bet-El durch einen hohlen Luz-Baum (Mandelbaum) entkam. Er verriet dem Hause Josef den geheimen Durchgang zu dieser Stadt (Ri 1,26). Dieser Mann gründete dann eine Stadt im Lande der Hethiter, die er Luz nannte, wo der Todesengel keine Macht hatte. Der Todesengel hatte dort keine Macht, weil die Bewohner das Geheimnis des Lebens kannten (Midrasch Rabba, Genesis 69, und Talmud Sota, 46:)

44 ▌Spuren des Höchsten in seinem Land

Zwischen Moria und Bet-El

Während Jakob körperlich in Luz ist, dem Ort, der auch Bet-El genannt wird, erscheint Gott ihm auf dem Berg Moria, dessen letzte Bedeutung und Heiligkeit noch verborgen sind. Raschis Auslegung löst die scheinbare Unstimmigkeit zwischen Moria und Bet-El mit der Erklärung, dass Moria symbolisch entwurzelt und nach Bet-El versetzt wurde (Raschis Auslegung von 1. Mo 28,17). Diese autoritative Quelle unterscheidet ganz klar zwischen Moria und Bet-El als zwei unterschiedliche Orte. Unsere Weisen ziehen daraus den Schluss, dass Jakob dem alten Namen von Bet-El Heiligkeit verlieh. Die Bestätigung dafür kommt von Onkelos, der Bet-El nicht mit Bet-Elaa, Haus Gottes, übersetzt. Erst nachdem Jakob den Namen umbenannt hatte, wurde er mit „Haus Gottes" übersetzt.

an das ganze Volk, dass sie auch am Ende ihres langen Exils zu diesem Land zurückkehren würden. In Bet-El wurde dieser Zusage konkrete Form verliehen. Erst kürzlich entdeckte man eine Bestätigung des *Brith*, des Bundes, zwischen der hebräischen Nation und dem Land, als man den Namen Gottes (Tetragrammaton) im Schatten tiefer Schluchten um den Ort von Jakobs Vision herum erkennen konnte[20]. Dieses erstaunliche und unleugbare Phänomen kann nur als göttliche Bestätigung für das Landvermächtnis an die Nachkommen Jakobs/Israels gedeutet werden.

Bet-El ist auch mit Moria verbunden. Beide Stätten waren als *Hamakom* bekannt, als „der Ort" (1. Mo 22,4), an dem Gott im Gebet erreicht werden kann. Der Heilige Tempel auf dem Berg Moria wurde par excellence *Bet-El*, das Haus Gottes, genannt. Das erste Bet-El war so etwas wie sein Vorbote, solange die Heiligkeit vom Berg Moria noch nicht offenbart war. Jakob hatte die

---

20 Eine amerikanische Satellitenkartierung über Bet-El nahm dieses Bild auf, wo sich der Name Gottes (Tetragramm) sichtbar im Schatten von Tälern eingeprägt hat.

Vision von der himmlischen Gebetspforte, als er ausrief: „Wie furchtbar ist diese Stätte! Dies ist nichts anderes als das Haus Gottes, und dies die Pforte des Himmels!" (1. Mo 28,17). Dies bezog sich alles auf Moria und den Heiligen Tempel, der dort oben gebaut werden sollte. Doch Jakob selbst befand sich körperlich am alten Anbetungsort.

Bet-El wurde bereits als Vorläufer von Moria beschrieben. Doch besteht auch eine geografische Dimension dieser Beziehung. Der Berg Moria ist umgeben von dem Land Moria, dem *Eretz HaMoriah*. Die hohen Berge nördlich von Bet-El sind die Grenzen dieses heiligen Bezirks. Erst David[21], und später Salomon durch den Bau des Heiligen Tempels, offenbarten dessen eigentliche Bestimmung und seinen genauen Standort. Bis zu diesem Zeitpunkt gab es aber bereits eine Anzahl von heiligen Stätten, wie etwa in Mizpa, Rama, Bet-El und Schilo, die sich alle im Stammesgebiet von Benjamin befanden[22]. Doch Bet-El war immer von besonderer Bedeutung aufgrund seiner uralten Geschichte und Verbindung mit den Patriarchen.

Da das Gebiet zwischen Bet-El und Jerusalem das Stammesgebiet von Benjamin ist, hatte es aufgrund seiner Heiligtümer immer einen Sonder-status. Diese besondere Heiligung ist auch in dem Segensspruch Moses erwähnt: „Für Benjamin sprach er: Der Liebling des Herrn! In Sicherheit wohnt Er bei ihm… und zwischen seinen Schultern wohnt Er" (5. Mo 33,12).[23] Dieser Status des Stammes erklärt auch die Empörung der restlichen Stämme über die Schandtat der Benjaminiter in *Gibea*. Sie taten

---

21 Der Talmud Zevachim 54 erörtert die Suche des Propheten Samuels und Davids nach dem genauen Standort des zukünftigen Tempels. Die erstaunliche Aussage, die diesbezüglich gemacht wird, ist diese: „Tatsache ist, dass sie es nicht wussten. Tatsächlich wurde David der Standort des Altars von dem Engel des Herrn erst viel später geoffenbart" (2. Sam 24,14f).

22 Selbst Schilo war mit dem Stammesgebiet Benjamins mit einem Stück Land verbunden (Talmud Zevachim 118; vgl. auch Jos 16,6, Taanat-Schilo).

23 Dies bezieht sich auf Moria, das von hohen Bergen umgeben ist.

> Ruinen von Jerobeams Heiligtum, das von König Josia (2. Kö 23,15) niedergerissen wurde. Sichtbar im Hintergrund ist der erhöhte Platz des Altars.

der Konkubine eines Leviten Gewalt an, als diese in Gibea übernachten wollten. Daraufhin versammelten sich alle Stämme in Bet-El, wo sich zu dieser Zeit die Bundeslade und der Hohepriester Pinchas ben Eleazar befanden. Die Stämme befragten Gott in dieser Sache und baten um

Das Goldene Kalb!
Ein rivalisierendes Heiligtum

Der rebellische König Jerobeam, der sich selbst zum König über die 10 nördlichen Stämme ernannt hatte, stellte ein „Goldenes Kalb" genau neben die Stätte von Jakobs Traum, nämlich dorthin, wo Gott Jakobs Gebet erhört hatte. Das „Goldene Kalb" sollte die angeblich notwendige Mittlerfunktion zwischen dem Menschlichen und dem Göttlichen übernehmen. Das rivalisierende Heiligtum mit dem Goldenen Kalb besaß die Maße der Stiftshütte, nämlich 50x100 Ellen.

Byzantinischer Anspruch beweist biblische Tradition

Der Anspruch der byzantinischen Kirche auf Rechtsgültigkeit ließ sie Kirchen auf anerkannte biblische Standorte erbauen. Die Kreuzritter übernahmen diese Tradition. Diese christlichen Heiligtümer wurden in der früh-islamischen Periode zerstört. Sie errichteten ihrerseits moslemische Baueinheiten darauf. Die Tatsache, dass dieser Ort so viel Zerstörung gesehen hat, könnte als Beweis für biblische Tradition gewertet werden. Diese Studie basiert jedoch auf interner Beweiskraft, die sich von den Ereignissen und Aktivitäten der Patriarchen in Bet-El selbst ableitet.

Weisung in ihrem Kriegszug gegen Benjamin (Ri 20, 18-28).[24] Auch bei anderen Gelegenheiten wurde Bet-El als ein heiliger Ort erwähnt: Der Prophet Samuel ließ Saul wissen, dass er drei Männern begegnen würde, die auf dem Weg nach Bet-El waren, um dort zu opfern (1. Sam 10,3). Der Prophet Samuel und ebenso die Prophetin Deborah saßen zu Gericht in Bet-El. Der Prophet Amos prophezeite hier. In einer Vision sah er ein wiederhergestelltes Bet-El und sein Volk, das wieder in seinem Land eingepflanzt ist (Amos 9,15). In dieser Vision sieht er die endgültige Erfüllung der göttlichen Verheißung, die den Vätern in Bet-El gegeben wurde. Es ging um diese uralte Heiligkeit dieser Stadt, die Jerobeam nach seinem Abfall von Jerusalem dazu veranlasste, sein rivalisierendes Heiligtum in Bet-El zu errichten.

---

24 Wir vermuten, dass die Bundeslade von Schilo geholt worden war, wo Josua die Stiftshütte hatte aufstellen lassen. In dieser höchsten Krise versammelten sich die Stämme in Bet-El. Die Überlebenden des Stammes Benjamin wurden zu einem großen Fest nach Schilo eingeladen, sodass sich dort jeder seine Frau (beim Tanz) selbst aussuchen konnte. Dadurch machten sich die anderen nicht schuldig an dem Schwur der Stämme, niemals den Benjaminitern eine ihre Töchter zu geben. Auf diese Weise wollten sie die Ausrottung des Stammes Benjamin aus der Nation Israel verhindern (Ri 20, 15-24).

∧ „Shomerah", ein Wachturm in der Nähe von Bet-El

Ein archäologisches Nachspiel: 1934 leitete W.F. Albright eine Ausgrabung im Araberdorf „Beitin", das als der uralte Standort von Bet-El identifiziert worden war. Albright entdeckte Mauern und Tore und vielleicht sogar den geheimen Zugang zur Stadt, der im Bericht über die israelitische Eroberung der Stadt erwähnt wird. Östlich von Beitin, in direkter Sichtlinie, türmt sich der Tel von Ha'Ai auf. Dazwischen liegt eine byzantinische Kirchenruine unter der Kreuzfahrerruine, Burg Beitin genannt, bei der es sich aller Wahrscheinlichkeit nach um den Altar Abrahams handelt. Nordwestlich von Beitin sieht das Auge des Beobachters den Berg Hazor. Es gibt starke Hinweise darauf, dass es sich dort ganz in der Nähe um den Ort von Jakobs Traum handelt. U.a. werden folgende Beweise aufgeführt: ein altes Ritualbad (Mikvah) und eine deutlich markierte Plattform, von der man glaubt, dass es die Stelle ist, wo Jakob seinen Traum hatte. Auch wurden dort die Ruinen einer byzantinischen Kirche gefunden und ebenso eine Kreuzritter Kapelle. Die Mameluken taten das Ihre, um dieser ihre eigene Moslemkonstruktion aufzudrücken. Die Ruinen sind von einem Eichenhain umgeben. Dies sind alles Hinweise auf einen heiligen Ort, wie man ihn von der Bibel her kennt.

Die Archäo-
logische Akte
von Bet-El
und Ha'Ai

Die Lösung des
„Ai" Rätsels

∧ Das weiträumige Ruinenfeld
einer alten Metropole ohne
Namen

*D*er genaue Standort von Bet-El[25] war immer genau festgelegt durch den hohen Tel der uralten Ruinen von Ha'Ai, und diese beiden werden immer zusammen genannt. 1934 konnte der berühmte Archäologe W.F. Albright ein großes Gebiet innerhalb des Dorfes Beitin und in den Jahren 1954-60 auch J.L. Kelso freilegen, bei dem es sich um die uralten Ruinen von Bet-El handelte. Ungefähr 0.5km östlich vom geschichtlichen Bet-El befindet sich eine beeindruckende Ruine, bekannt als Burg Beitin, die bereits erwähnt wurde. Sie liegt etwa auf halbem Weg zwischen Ha'Ai und Bet-El. Diese Ruine war ursprünglich eine auf byzantinischen Fundamenten gebaute Kreuzritter Kirche[26]. Hier war der Ort, wo Abraham gezeltet hatte, um hier den höchsten Namen Gottes zu proklamieren. Genau an diesem Ort gab es schon in sehr frühen Zeiten eine duale Gottesanbetung, die sowohl die Souveränität von El Elyon anerkannte, als auch den Naturmächten, wie sie in Luz wirkten, ihre Anerkennung erwiesen. Während die Anfänge des Städtewesens bis zur frühen Bronzezeit zurückreichen, wurde der eindrucksvollste Beweis für eine blühende Stadtkultur bereits im Zeitalter der Patriarchen gefunden. Man legte eine massive Stadttorstruktur mit ihren 2m hohen Torpfosten frei, sowie ein Tor, das zu einem gut erhaltenen, mit behauenen Steinen gebauten Tempel führte. In der Stadt selbst gab es viele großzügig gebaute Patrizierhäuser, gepflasterte Gehwege und ein baulich gut ausgeführtes Abwassersystem. Diese Periode endet in einer dicken, durch Feuer verbrannten Schicht, die mit der israelitischen Eroberung in der frühen Eisenzeit übereinstimmt. Das Buch der Richter (Ri 1, 22-26) beschreibt, wie die Stämme Josefs durch einen Geheimgang in die Stadt

---

25 Bischof Eusebius von Cäsarea beschreibt Bet-El in seiner Schrift „Unamasticon" als eine Stadt, die etwa 24km nördlich von Jerusalem auf dem Weg nach Sichem liegt. Dies deutet darauf hin, das Bet-El noch im 4.Jahrh. existierte. Tatsächlich war sie eine blühende Stadt, bis sie im 7.Jahrh. von den Arabern zerstört wurde.

26 Die britische Tradition vom „Stone of Scone", bekannt als „Jakobskissen", wurde Bestandteil der Krönungszeremonie der britischen Könige. Richard Löwenherz brachte es von seinen Kreuzzügen nach England. Er hatte es vermutlich von der Burg Beitin mitgenommen.

∧ Jüngste Ausgrabungen im heutigen Bet-El geben Zeugnis von der Größe der ummauerten byzantinischen Stadt

eindringen konnten. Die israelitische Siedlungsphase unterschied sich durch das typische 4-Zimmer Haus, dessen Dach von Steinsäulen getragen wurde. Auch sind ihre Töpferwaren sehr viel einfacher.

Bet-El wurde dem Stamm Benjamin als Landanteil zugewiesen. Doch in den Kriegen infolge der Teilung des salomonischen Reiches wurde Bet-El zur Grenzfestung des Nordreiches gemacht.

Jerobeam I. baute Bet-El als ein königliches und religiöses Kultzentrum auf, quasi als rivalisierendes Heiligtum zu Jerusalem. Er ließ zwei Goldene Kälber anfertigen und stellte das eine in Dan und das andere in Bet-El als Gegenstand der Anbetung auf. Auch wenn dieser religiöse Kult vom reinen Monotheismus abwich, so waren seine Praktiken nicht gänzlich götzendienerisch, sondern eher eine Form des Synkretismus. Der Prophet Amos verurteilte ihn, und der Prophet Hosea nannte Bet-El ein „Bet-aven", d.h. Haus der Sünde (Hos 4,15). Doch der Prophet Elia äußerte sich nicht gegen Bet-El oder Dan. Sein

Das Goldene Kalb in Bet-El

Jerobeam I. and seine Anhänger fielen nicht vom Gott Israels ab. In ihrer Vorstellung übernahm das Kalb eine Mittlerfunktion für die göttliche Gegenwart. „Darum entfernte König Yehu auch nicht den Kult des Goldenen Kalbes. Stattdessen zerstörte er das Haus Ahabs und dessen Baalskult" (Kuzari, 4,14, übers.).
Der Kommentator Radak gibt eine ähnliche Erklärung (1. Kö 21,25). Jerobeam betete zum Gott des Himmels, obwohl er auch dem Goldenen Kalb diente. Der gerechte König Josia wandte sich jedoch völlig dagegen und zerstörte alle Kultorte in Bet-El und entweihte sie. (2. Kö 23,15).

Kampf richtete sich gegen den kanaanitischen Baal und dessen perverse Praktiken. Elia sagt zu seinem Jünger Elisa: „Der Herr hat mich nach Bet-El gesandt". Dort werden sie von einer Gruppe von Propheten willkommen geheißen, jungen Propheten (2. Kö 2,2-3). Die Tatsache, dass eine solche Schule von Propheten überhaupt in Bet-El existieren konnte, spricht dafür, dass religiöse Toleranz praktiziert wurde.

Bet-El wurde für die „Samariter" (deren Name kommt von Shomron, Samaria) ein Ort, wo sie in der Religion Israels und ihres Gottes geschult wurden. Nachdem die Assyrer viele Israeliten in die Verbannung geschickt hatten (722 v.d.Z.), siedelten sie in deren Gebiet Samariter an, die sich mit den verbliebenen Israeliten durch Heirat vermischten. Auf diese Weise bildete sich eine ganz neue Nation.[27]
Die Tatsache, dass sich Bet-El zu einem Zentrum des Lernens für die

---

27 In Bet-El hatte ein Priester die Samariter die israelische Religion gelehrt. Diese kamen ursprünglich aus Kuta. Sie übernahmen mehr oder weniger diese Religion (2. Kö 17, 28). Noch heute führen die Samariter ihren Stammbaum zurück auf die Stämme von Efraim und Manasse. Sie gebrauchen die uralte hebräische Schrift und den Kalender, den Jerobeam in Bet-El eingeführt hatte. Für sie ist der Berg Garizim der eigentliche Berg Moria. Rabbinische Tradition kennt sie als die „Kutim". Sie selbst nennen sich jedoch „Schamerim", nämlich diejenigen, die das Gesetz Moses halten. Die Assyrer hatten sie aus Kuta, wahrscheinlich einem Ort in Afghanistan, ins Exil geschickt, wo auch bis zum heutigen Tag noch viele der Nachkommen der verbannten 10 Stämme leben.

Samariter entwickelte, könnte auf eine religiöse Wiederherstellung der Stadt hinweisen, wie auch auf eine Versöhnung nach dem Abfall von Jerusalem. Dies geschah bereits während der Herrschaft des letzten Königs des Nordreiches, Hosea ben Ela, als dieser die Wachen beseitigen ließ, die Pilgern auf ihrer Reise zum Tempel in Jerusalem den Weg versperrten. Gerechte Könige wie Hiskia und Josia herrschten schon längst über große Teile des Nordens von Israel und feierten das Passahfest in Jerusalem zusammen mit vielen Pilgern aus den nördlichen Stämmen, die nicht ins Exil geschickt worden waren (2. Kö 23,23).[28]

Die Neuansiedlung in zerstörten Städten begann mit der Ankunft Esras und Nehemias aus dem babylonischen Exil (538 v. Chr.) und von vielen Heimkehrern aus der Gefangenschaft. 223 Benjaminiter, die der Zerstörung unter Nebukadnezar entkommen waren, kehrten zurück in ihre Heimatstadt Bet-El und Ha'Ai (Esra 2,28).

Bet-El und das gesamte umliegende Gebiet wurden zum Schauplatz einiger der großen Kämpfe, die *Yehuda Makkabäus* den seleukidisch-syrischen Truppen lieferte. Der erste Sieg, den Judas gegen General *Apollonius* gewinnen konnte, ereignete sich auf einem engen, bergigen Hohlweg etwas nördlich von Bet-El. *Yehuda* weihte sein Schwert den Feldzügen, die er im Auftrag des Herrn führte. In der Schlacht von Rama konnte er *Nikanor* überwältigen. Dieser Sieg wurde von den Weisen zum Feiertag erklärt. Von der letzten Schlacht, die *Yehuda* das Leben kostete, blieben nur noch ganz wenige der Getreuen übrig. Diese Schlacht fand 161 v.d.Z. auf dem Berg Hazor statt, nördlich von Bet-El. Der Feind, Feldherr *Bakchides*, befestigte dann eine Anzahl der Festungen in Schlüsselpositionen, u.a. auch Bet-El (das

---

28 König Josia ließ während seiner religiösen Reform sämtliche götzendienerische Kultstätten in Schomrom zerstören und die Baalpriester töten (2. Kö 23, 19-20).

Von Bet-El zur Wiederherstellung von Javneh

Bet-El war eine der letzten, von Vespasian bezwungenen Festungen, bevor er von Judäa abzog, um in Rom zum Kaiser ausgerufen zu werden. Die Hauptverkehrsstraße von Jerusalem führte über Bet-El und Gofna nach Antipatris und Cäsarea an der Küste. Das römische Basislager zur Zeit ihrer Belagerung von Jerusalem befand sich in Gofna in der Nachbarschaft von Bet-El. Hier befand sich auch ihr Gefangenenlager für jüdische Gefangene. Tatsächlich wurde Rabban Yochanan Ben Zakkai nach Gofna gebracht, als er das belagerte Jerusalem verließ, um den römischen Feldherrn Vespasian zu treffen. Hier prophezeite er, dass Vespasian der nächste römische Kaiser sein würde. Aus diesem Grunde gewährte ihm Vespasian drei Wünsche. Einer dieser Wünsche war es, die Stadt Javneh und ihre Weisen zu verschonen (Midrasch Eicha Rabba, Hrsg. Buber, S. 65). Javneh und ihre Weisen setzen das Zeichen für einen neuen, mit jüdischem Leben pulsierenden Zeitabschnitt. In diesem Geist hatte der Prophet Amos bereits das Ende von Bet-El als königlichen Hauptsitz unter der Herrschaft von Jerobeam I. vorausgesagt, prophezeite aber ebenso die messianische Wiederherstellung der Stadt. „Da wende ich das Geschick meines Volkes Israel… Ich pflanze sie in ihr Land ein" (Amos 9,14-15).

1. Buch der Makkabäer, 9,50). Man kann in der dürren Hügellandschaft um Bet-El viele uralte Grenzsteine finden, die auf intensive jüdische Agrikultur bis in die Zeit der *Hasmonäer* schließen lassen. Praktisch alle Berghänge waren terrassenförmig angelegt, mit der Ausnahme von sehr steilen Hängen. Überall findet man noch Wein- und Ölpressen, sowie zahlreiche Wasserzisternen. Eine einmalige Besonderheit, die zurückgeht zu den Anfängen hebräischer Besiedlung in dieser Gegend, sind die sogenannten *Shomerot*, Wachtürme. Aus Feldsteinen gebaut, dienten diese Türme

den Bauern während der Erntezeit, um auf ihre Früchte aufpassen zu können. In vielen einzeln stehenden Felsen findet man Grabhöhlen aus der Zeit der zweiten Tempelperiode. Ein deutlicher Hinweis auf jüdische Besiedlung sind die verputzten und in den Felsen gehauenen Ritualbäder, die *Mikvaot*, die man zwischen den uralten Ruinen finden kann.

Ganz in der Nähe von Bet-El, in *Gofna*, fand das historische Treffen zwischen dem römischen Feldherrn Vespasian und Rabbi *Yochanan ben Zakkai* statt, was zu der Zeit großen symbolischen Charakter besaß. Als Rabbi Yochanan erkannte, dass Jerusalem nicht mehr zu retten war, ging er nach Bet-El, deren offenbarte Heiligkeit noch der von Jerusalem vorausgegangen war, um dort die Grundlage eines Neuanfangs zu legen.

Im byzantinischen Zeitalter erlebte Bet-El die größte Expansion. Noch im Jahr 529 n.d.Z. wurde eine neue Stadtmauer gebaut und ungefähr zur selben Zeit baute man noch eine Kirche und ein Monasterium. Die Tatsache, dass

∧ Ruinen einer Kreuzritter Kirche am Platz von Abrahams Altar

∨ Der Ort von Jakobs Traum bei Bet-El

❮ Die Ruinen von Ha'Ai
östlich von Bet-El und eine
alte Zisterne

⌃ Eine Kreuzritter Kapelle nahe der Stätte von Jakobs Traum.
Das runde Dach links auf dem Gebäude stammt aus der Zeit der Mameluken.

∧   Im Altertum bewirtschaftete Terrassen auf einem steilen
Abhang in der Nähe von Bet-El

beide Bauten nichtchristlichen Heiligen geweiht waren, sondern Abraham und Jakob, lässt deutlich die Zentralität der biblischen Botschaft im Leben der byzantinischen Kirche erkennen, besonders in Bet-El.

Jüngste Ausgrabungen in der Gegend vom heutigen Bet-El legten umfangreiche byzantinische Reste frei. Dieses neue Ausgrabungsgebiet befindet sich etwa 750m nördlich vom arabischen Beitin, welches einst der Standort der alten Stadt Bet-El war. Dies gibt uns eine Vorstellung davon, wie weitflächig Bet-El im 5. und 6. Jahrhundert n.d.Z. war. Die jüngste Ausgrabung legte eindeutig einen Klosterkomplex frei. Bet-El wurde zerstört und verlassen infolge der arabischen Eroberungen im 7. Jahrhundert.

Das biblische Rätsel von der Eroberung eines Trümmerhaufens

Josuas Feldzug gegen Ha'Ai ist der detaillierteste Bericht von all seinen Kriegen. Es war sein Plan, hinter die Stadt einen Hinterhalt zu legen und vor der Stadt eine Einheit von Kriegern als Köder zu postieren. Seine Absicht war es, die Verteidiger aus der Stadt herauszulocken und sie dann von hinten anzugreifen. Anhand der Beschreibung des Terrains um Ai herum mit dessen Tälern und Wüstengebiet können wir uns ein lebhaftes Bild von der Führung der gesamten Kampagne machen. Die Schlacht um Ha'Ai folgte dem Fall der Mauern von Jericho, der ein komplettes Wunder Gottes war. Der Kampf um Ha'Ai war jedoch der erste Feldzug, den die Israeliten selbst führten. Dessen Ziel war es nun, dem Volk Vertrauen einzuflößen, und dies besonders nach seiner ersten Niederlage, die ihnen die Verteidiger von

Eine alte Weinpresse in der Hügellandschaft von Bet-El

Ha'Ai beigebracht hatten. Zunächst sandte Josua Kundschafter aus, die berichteten, dass kein großer Widerstand seitens der Bewohner zu erwarten war. Eine Kampfeinheit von 2000 bis 3000 Männern würde genügen. Die Kundschafter waren zweifellos auf die unzureichenden Verteidigungsmaßnahmen der Stadt gestoßen und auf deren kleine Einwohnerzahl. Tatsächlich war „die Zahl aller Männer und Frauen, die an jenem Tag fielen, nur 12000,

⌃ Eine Grabeshöhle in der Nähe von Bet-El

alle Leute von Ai" (Jos 8,25)[29]. Dennoch hatten die Israeliten bei ihrem ersten Angriff auf Ha'Ai eine schwere und unerwartete Niederlage erlitten, die zu einer ernsten Vertrauenskrise geführt hatte. Als Josua sich zutiefst vor Gott demütigte, um den Grund für diese Niederlage zu erfahren, erhielt er auf göttliche Weisung hin die Information, dass *Achan* das Sakrileg begangen hatte, sich an der Beute vom gerichteten Jericho bedient zu haben. Es war diese Sünde Achans, an der vielleicht auch andere beteiligt waren, die das Verschwinden der göttlichen Gegenwart auf dem Kampfplatz verursacht hatte (Jos 7, 10-26). Im zweiten Feldzug wurde Josua vom Herrn angewiesen, die gesamte israelitische Kampfeinheit einzusetzen und eine gut durchdachte Strategie zu gebrauchen. Er stellte daraufhin eine Eliteeinheit von 30 000 Männern hinter Ha'Ai in Richtung Bet-El. Mit Sicherheit sollte dies verhindern, dass von dort Verstärkungstruppen geschickt würden. Josua und eine

---

29 Bet-El und Ha'Ai waren von alters her Zwillingsstädte; die Bewohner von Bet-El kamen ursprünglich von Ha'Ai. Wir kennen nicht deren ursprünglichen Namen. Könnte er *Luz* gewesen, und dieser Ort verlassen worden sein, weil man Angst hatte vor dem Missbrauch der okkulten Mächte in Luz? So jedenfalls wurde es von Talmudrabbinern (Sota 46) verstanden. Nimmt man das Verhältnis 1:5, dann hätte es 2.500 Kriegsmänner in Ha'Ai gegeben.

△ Die Akropolis der Stadt Ha'Ai,
frühe Bronzezeit

andere Kampfeinheit täuschten dann eine Flucht aus der Stadt vor. Sobald die Männer von Ha'Ai, mit ihrem Rücken zur Stadt, hinter ihnen herjagten, wären sie eingekreist von zwei israelischen Kampfeinheiten. Diese Taktik ging auf. Sobald die Männer von Ai aus der Stadt gelockt waren, war diese sich schutzlos selbst überlassen und es war leicht, in sie einzudringen und sie anzuzünden.

Dieser sehr überzeugende Sieg über Ai stellt uns jedoch vor ein großes Problem. Bibelwissenschaftler haben immer behauptet, dass Josua nicht wie beschrieben die Stadt hätte erobern können, weil sie rund 800 Jahre ein unbewohntes Ruinenfeld gewesen war, nachdem sie gegen Ende der frühen Bronzezeit, ungefähr im 20. Jahrhundert v.d.Z., zerstört worden war. Diese biblische Ungereimtheit nahm Baron Edmund de Rothschild zum Anlass, eine systematische archäologische Ausgrabung unter der Leitung von Judith Marquet-Krause (1933) zu sponsern. Der berühmte W.F. Albright war auch einer der Mitwirkenden. Die Ergebnisse ihrer Ausgrabungen bestätigen das frühere Gutachten. Ai war in der frühen Bronzezeit eine blühende und gut gebaute größere Stadt gewesen. Die Archäologen entdeckten drei mächtige Bauphasen. Ein sehr gut erhaltener Palast und eine 3m hohe Festungsmauer zeugen davon, dass sie ungefähr bis zum 20. Jahrhundert v.d.Z. eine bedeutende Stadt war. Die

< Eine Siegesmünze
   von Vespasian:
   Judäa ist besiegt

letzte Phase dieser frühen Zivilisationen kam sichtbar zu einem abrupten Ende mit einer dicken, von Feuer verbrannten Schicht. Das Einmalige an diesem Ort jedoch war, dass man sich hier nie wieder neu ansiedelte. Fast über 800 Jahre des Unbewohntseins klafften hier über diesem Ort, dem man zu Recht den Namen Ha'Ai gab, der bekannte „Trümmerhaufen".

Die Archäologin Judith Marquet-Krause gab die folgende Erklärung für Josuas Kriegsbericht. Die alten Ruinen und die Verteidigungsmauern waren zur Zeit Josuas noch alle gut erhalten. Die Archäologen fanden Hinweise für eine zweite Siedlungsschicht, offensichtlich in Erwartung des israelitischen Angriffs.[30] Die Wiederbesiedlung von Ha'Ai mitsamt einem König war eine strategische Notwendigkeit für Bet-El. Das Buch Josua erwähnt Streitkräfte

---

30 Die Bewohner von Bet-El waren bestens informiert über die Möglichkeit einer israelitischen Invasion. Sie hatten von der Teilung des Roten Meeres gehört und vom Verlust der Streitwagen Pharaos. Mit Angst und Zittern verfolgten sie die Nachricht von der Niederlage der großen Könige Sihon und Og. Man vergleiche dies mit der Angst der Bewohner von Jericho, wie sie den Kundschaftern von Rahab geschildert wurde (Jos 2, 9-11). Der König von Bet-El hatte Jahre Zeit gehabt, sich um seine Verteidigungsanlagen in Ha'Ai zu kümmern.

∧ Luftaufnahme von der heutigen, wieder auferstandenen Stadt Bet-El

von Bet-El, die gemeinsam mit denen von Ha'Ai kämpften (Jos 8,17).
Mit seiner gut durchdachten Strategie wollte Josua zwei Ziele erreichen:
das Vertrauen des Volkes wiederherstellen und sie lehren, dass sie nur mit
göttlicher Hilfe siegen konnten.

Die von Judith Marquet-Krause vorgeschlagene Lösung für das Problem
der biblischen Zeitrechnung ist sehr überzeugend. Sie machte geltend, dass
einige Leute aus Bet-El die alten Ruinen wieder neu besiedelten und dass
Ha'Ai wesentlich das blieb, was es immer gewesen war: „Die alte Ruine".
Diese Idee geht allerdings nicht ein auf das immer noch bestehende
Rätsel, warum Ha'Ai über mehr als 800 Jahre unbewohnt geblieben war.
Das Ergebnis archäologischer Forschung belegt, dass sie eine bedeutende

Stadt mit einer langen Geschichte gewesen war. Wir möchten darum den folgenden Lösungsvorschlag machen: Ha'Ai wurde zur sprichwörtlichen Ruine verdammt aufgrund ihrer okkulten Vergangenheit als Luz/Bet-El. Bet-El entstand nach dem endgültigen Niedergang von Ha'Ai. Ihre Bewohner kamen höchst wahrscheinlich aus der ursprünglichen Stadt Luz. Die Tatsache, dass Josua sie einen „ewigen Schutthaufen", einen *Tel olam* (Jos 8,28) nannte, ist ein Hinweis auf das uralte Geheimnis, das ihre Verwaisung infolge des Fluches herbeigeführt hatte.[31]

---

31 Dies könnte eine Erklärung sein für den völligen Verlust der Kampfmoral nach der ersten Niederlage in Ha'Ai (Jos 7, 5-8): „Wenn die uns besiegen konnten, dann kann dies nur eins bedeuten, dass Gottes Gegenwart von uns gewichen ist." Das Schicksal von Ha'Ai glich dem von Jericho. Beide wurden dazu verurteilt (vgl. Talmud Sanhedrin 45A), so wie Sodom und Gomorra unterzugehen, allerdings mit dem Unterschied, dass dieses Mal der göttliche Bann durch Gottes Nation vollstreckt werden sollte.

Jakobs Kampf am Jabbok

Eine Parabel für Israels Überlebensfähigkeit im Land

∧ Jakobs Kampf mit dem Engel Esaus

Die Begegnung zwischen Jakob und Esau an der Jabbokfurt ist bis zum heutigen Tag ein richtungsweisendes Geschehen in der Geschichte der jüdischen Nation. Dort wurde die Frage nach dem Erbrecht auf das Land entschieden, ebenso wie die Überlebensregeln hinsichtlich der vielen Feinde, die Jakob und seine Nachkommen herausfordern würden. Er könnte nicht als ein *Ish Tam*, ein Mann des Friedens, zum Vater der Nation werden. Er musste lernen, so wie Esau ein *Ish Sadeh*, ein Mann des Krieges, zu werden. Dies war wohl auch der Grund gewesen, warum sein Vater Isaak sich zunächst geweigert hatte, Jakob zum Erben des Landes zu machen; Jakob musste erst durch die harte Schule seines Onkels Laban gehen. Erst danach wurde er fähig, sich seinen Widersachern zu stellen.

Die Kraftprobe am Jabbok enthält alle Elemente einer psychischen Transformation. Als erstes schickt Jakob seinem Bruder Geschenke. Dann betet er und bereitet sich auf das Schlimmste vor, indem er sein ganzes Lager so aufteilt, dass es im Ernstfall noch Überlebende gäbe. Dann sehen wir ihn noch einmal den Jabbok überqueren, in der Tiefe der Nacht, um der unvermeidlichen Konfrontation aus dem Wege zu gehen. Doch

Das Sukkot Tal und der Jabbok

an diesem Punkt stellt sich ihm ein scheinbar gewalttätiges Wesen in den Weg, das ihn daran hindert, zurückzuweichen. Daraufhin zwingt ihn sein Gegenüber in einen Kampf auf Leben und Tod, der die ganze Nacht andauert. Jakob sieht ein, dass er seinem Schicksal nicht entrinnen kann. Er kämpft bis zur völligen Erschöpfung und entdeckt dabei seine Kraft. Er ist darum entschlossen, bis zum Sieg zu kämpfen.

△ Die Straße nach Sichem, Nachal Tirzah

Jakobs Verletzung

Der Midrasch sieht in dieser Verrenkung des Hüftgelenkes einen Versuch, Jakobs Nachkommenschaft Schaden zuzufügen und somit auch ein Zeichen für die Zukunft zu setzen. Jakobs Hinken soll ein symbolischer Hinweis darauf sein, dass die Rückkehr zum Heimatland Eretz Israel immer mit großen Opfern verbunden sein wird.

Im Morgengrauen entdeckt Jakob das wahre Wesen seines Widersachers. Trotz seiner schweren Körperverletzung überwindet er und ruft aus: „Ich werde nicht aufhören zu kämpfen, wenn der Kampf noch unentschieden ist; du musst dich geschlagen geben und zugeben, dass ich nicht durch Betrug in den Besitz des Landes gekommen bin."[32] Von diesem Augenblick an ist er

32 In den Worten Raschis in seiner Auslegung von 1. Mo 32, 27: „Gib zu, dass ich nicht den Segen von meinem Vater stahl."

nicht mehr Jakob; jetzt ist er in der Tat zu Israel geworden, zum Überwinder, auch wenn es seinem Gegner gelungen ist, ihn zu verletzen, sodass er hinken muss.

Die wesentlichen Lehren, die man aus dieser Begegnung zieht, werden durch das rätselhafte Verbot des „*Gid Hanasheh*", des Hüftmuskels, dargelegt: „Darum essen die Söhne Israels bis zum heutigen Tag nicht den Hüftmuskel" (1. Mo 32,33). Diese Verfügung wird zu einem charakteristischen Merkmal der hebräischen Nation. Mit diesem Schlüsselwort, *Gid Hanasheh*, lernen die zukünftigen Generationen eine ganz wichtige Lektion. Das Wort selbst ist ein Oxymoron, d.h. eine rhetorische Figur, die aus zwei sich widersprechenden Begriffen gebildet wird. Die Sehne, das „*Gid*", ist äußerst hart, während „*Nasheh*" die Bedeutung von Schwäche und Vergessen hat.[33] Sobald euer rechtmäßiger Anspruch auf *Eretz Israel* in Frage gestellt wird, dann seid so hart wie ein *gid*. Der Feind wird immer euren rechtlichen Anspruch leugnen. Vergesst niemals euer Geburtsrecht!

An der Jabbokfurt war es Jakob offenbart worden, dass Gott Selbst bei seiner Rückkehr nach Bet-El seinen Namen zu *Israel* umbenennen würde, aber zuerst musste er seinen neu gefundenen Mut in seinem Umgang mit den derzeitigen Besitzern des Landes unter Beweis stellen. So macht er sich als Verletzter und Hinkender auf den Weg direkt ins Zentrum des Landes. Doch als er in Sichem ankommt, ist er geheilt und *shalem*, d.h. wieder ganz hergestellt. Dort kauft er ein Stück wertvolles Land im Grenzgebiet der Stadt und baut dort einen Altar. Der Name, den er diesem Altar gibt, weist hin auf die Ahnung, die er von den vor ihm liegenden Prüfungen hat.[34] Damit

---

33 *Nasheh* ist verwandt mit dem Wort *ishah*, Frau, und ebenso mit dem Wort *Menashe*: „Gott hat mich vergessen lassen all meine Leiden" (1. Mo 41,51).
34 Jakob gebraucht hier den Namen Gottes von Israel, wohl wissend, dass er sich erst als Vater der Nation beweisen muss.

bittet er Gott inständig darum, mit ihm zu sein. Jakob versteht, dass seine Prüfung an der Jabbokfurt nur eine Vorbereitung war für den größeren nationalen Test. Und tatsächlich, kaum ist er in *Sichem* angekommen, als er auch schon in einen größeren Konflikt hineingerissen wird infolge der Entführung seiner Tochter Dina. Die gewalttätige Reaktion ihrer Brüder verwickelt Jakob sofort in einen kompromisslosen Krieg gegen die Amoriter, die mit *Sichem* verbündet waren. Jakobs Zorn gegen seine beiden Söhne Simon und Levi gibt uns deutlich Auskunft darüber, wie

▲   Die Stadtmauern von Sichem

sehr er sich davor fürchtet, diesen Krieg zu führen.[35] Erst als er als Sieger in Bet-El ankommt, wird er de facto zu Israel, wobei er sich jetzt diesen Namen selbst verdient hat. Infolge dieses Krieges hat Jakob nunmehr das Recht, seinem Sohn Josef die Stadt Sichem als Landanteil zu geben: „Und ich gebe dir einen Bergrücken …, den ich aus der Hand der Amoriter mit meinem Schwert und mit meinem Bogen genommen habe" (1. Mo 48,22). Aus Jakob ist nun komplett Israel geworden.

---

35 Hier haben wir es wieder mit der gleichen Jakob-Reaktion wie am Jabbok zu tun.

Gilgal

Die Schlacht von Gibeon

Josua lässt die Sonne und den Mond stillstehen

∧ Josuas nächtlicher
Feldzug von Gilgal nach
Gibeon

Vor allem waren es der Glaube und der Heldenmut von Josua und seinen Männern, die letztlich zu den vielen außergewöhnlichen Ereignissen in Gibeon führten. Allerdings war ein Glaubenstest die Vorbedingung für göttliches Eingreifen. Josuas Kampf in Gibeon gegen eine Übermacht von fünf verbündeten, mächtigen Königen hatte in der Tat kosmisches Ausmaß. Dieser war in seiner letzten Konsequenz die Begegnung von Gottes auserwählter Nation mit der Macht des Heidentums. Die Tatsache, dass diese heidnische Allianz angeführt wurde von Adoni Zedek, dem Jebusiterkönig von Jerusalem, hebt überaus deutlich die geistliche Dimension dieses Zusammenpralls hervor. Tatsächlich entschied Gott selbst den Ausgang dieser Konfrontation, indem er den Gang der Sonne und des Mondes aufhielt und einen Meteoritenschauer niedergehen ließ.

Die Schlacht von Gibeon gegen eine Koalition von fünf Königen

Der erste Kampf hatte zuvor in Ha'Ai stattgefunden. Dieses Gefecht sollte aber nur eine beschränkte Einführung in die Realität einer Schlacht sein. Es sollte in ihnen das Vertrauen verankern, dass Gott auch in einem ganz normalen Krieg für sie stritt. Der Fall Jerichos, andererseits, war ein ausschließlich göttliches Handeln.

Und doch musste die Beteiligung dieser übernatürlichen Phänomene erst einmal durch menschlichen Glauben und Opfer initiiert werden und nicht allein durch einen einzigen Mann, sondern von der ganzen Nation. Die Streitwagen-Armee der fünf Könige machte sich auf, die Stadt Gibeon zu bestrafen, weil diese in ihren Augen die Sache Kanaans verraten hatte. Sie waren zuversichtlich, dass sie Gibeon ohne die Einmischung anderer verantwortlich machen könnten. Die Könige kannten das Terrain und waren sich darum sicher, dass Josua und seine Streitmacht unmöglich aus dem Tal in Gilgal zu den Höhen Gibeons hinauf

Gibeon, ungefähr 730m über dem
Meeresspiegel

Der nächtliche Aufstieg
Josuas und seiner Männer
durch die Judäische
Wüste von Gilgal nach
Gibeon

Judäische Wüste

Gilgal, ungefähr
365m unter dem
Meeresspiegel

marschieren, und das gefährliche Wüstengebiet durchqueren könnten. Somit kam das plötzliche Auftauchen der Israeliten als eine komplette Überraschung. Um sich nur annähernd ein Bild machen zu können von dem ungeheuren Kraftakt Josuas, muss man die Geografie der Umgebung kennen. Das israelitische Lager in Gilgal befand sich östlich von Jericho, in der Nähe des Jordans. Diese Gegend ist bekannt als „Kikar Hayarden", die Jordanebene". Diese befindet sich wörtlich am tiefsten Punkt der Erde. Auch wenn die Gibeoniter derzeit mit List einen Bund mit Israel schließen konnten, so galt der gemeinsame Schwur als verbindlich für beide Seiten. Deshalb riefen sie in ihrer Panik die Israeliten um Hilfe, die dann in einem spektakulären nächtlichen Gewaltmarsch noch vor Tagesanbruch Gibeon erreichten. Um diese Leistung der Israeliten zu verstehen, muss man sich folgendes vorstellen: „Und Josua kam zu ihnen plötzlich, die ganze Nacht zog er herauf von Gilgal" (Jos 10,9). Josua und seine Männer marschierten von Gilgal, das unter dem Meeresspiegel liegt, durch die Wüste von Gibeon, die hoch in den Bergen liegt. Noch ganz in der Frühe am nächsten Morgen, nach ihrem Gewaltmarsch, kämpften sie sofort wieder gegen Hunderte

Tell Aseka.
Bis hierin
verfolgte Josua
die Streitwagen
der fünf kana-
anitischen
Könige.

von Streitwagen. Am Mittag war der brutale Kampf noch immer nicht entschieden.[36] Genau an diesem Tiefpunkt sandte Josua diesen merkwürdigen Gebetsruf zu Gott mit der Bitte, den Tag zu verlängern. Tatsächlich bat er darum, ein grundlegendes Naturgesetz aufzuheben, nämlich das Gravitationsgesetz. Und es wird berichtet, dass es nie zuvor einen Tag gegeben hatte, noch je wieder geben würde, an dem der Ewige „der Stimme eines Menschen [gehorchte]" (Jos 10,14). Hier wird das grundsätzliche Wesen biblischer Wunder gelehrt. Was das göttliche Eingreifen initiierte, war der *Glaube* und die übernatürliche Anstrengung seitens Josuas und seiner Männer. Was gefordert wurde, war nicht nur eine Anstrengung, die jenseits aller menschlichen Durchhaltekraft lag, sondern auch der Mut, gegen eine höchst kompetente Kriegswagen-Streitkraft zu kämpfen. Die nächste Phase des längsten Tages verlangte die Verfolgungsjagd über große Entfernungen hinweg, um zu verhindern, dass sich die Feinde nicht in ihren befestigten Städten verschanzen konnten. Entlang dieser sehr berühmten Route gibt es überall beredte Zeugnisse dieser heißen Verfolgungsjagd und des dort geschehenen Wunders. Denn selbst noch nach Hunderten von Jahren würden Reisende auf dieser Straße auf die vom Himmel geschleuderten Feuersteine hinweisen. Die Kriegswagen entkamen

---

36 Nach Seder Hadarot war dies der 3. Aw, oder die ersten Tage im August. Um 12 Uhr mittags ist der Zenit der Sonne tatsächlich direkt über Gibeon.

Talmud Brachot

spricht von vier entscheidenden biblischen Ereignissen, durch welche die Nation übernatürliche Errettung erfuhr. Es sollte festgehalten werden, dass diese talmudische Tradition auf eine wahrnehmbare, bekannte Tatsache zurückgreift, wie z.B. den übernatürlichen Durchzug der Israeliten durch den Jordan.

in dem steilen, nach unten fallenden Horon Bergpass und dann durch das Ajalontal in Richtung Tel Azeqa, in einer Entfernung von etwa 25km. An dieser Stelle überholten Josuas Fußsoldaten die entfliehenden Streitwagen und nahmen die fünf Könige gefangen. Es wird uns berichtet, dass ein Steinhagel in der ganzen Zeit ihrer Flucht unentwegt auf sie niederprasselte, vom Horon-Bergpass bis nach Aseka.

Ein überaus wichtiges Zeugnis darüber kann man im Talmud finden, welcher betont, dass diese „Feuersteine", *avne al gavish*, noch heute auf dem steilen Anstieg der Horon-Straße zu sehen sind. Dieser Bergpass war auch der Hauptzufahrtsweg nach Jerusalem vom Westen her, der immer von großen Pilgerscharen während der drei Pilgerfeste benutzt wurde. Besonders vor dem Passahfest würde es in diesem Engpass zu regelmäßigen Verkehrsstockungen kommen, die möglicherweise die Pilger verspätet in Jerusalem am Vorabend des Festes ankommen ließen. Wenn man diesen

Der Horon-Anstieg, auf dem Steine vom Himmel auf die kanaanitischen Kriegswagen niederprasselten

Hintergrund kennt, nimmt das Zeugnis von den Feuersteinen eine ganz andere Bedeutung an. Die Massen von Pilgern konnten auf ihrem Weg nach Jerusalem und zum Heiligen Tempel die heroischen Zeiten des Josua nacherleben und deren Botschaften über göttliche Führung neu hören.

Das vor-israelitische Heiligtum in Gibeon

Zeugnis für den Monotheismus noch vor der Zeit Josuas

∧ Ein monumentales
Heiligtum aus dem
Felssubstrat gehauen

*D*as Gebiet, wo Josuas Kampf stattfand, war auch der Ort für viele der dramatischsten Wunder in der Bibel. Hier hielt das Gebet Josuas die Mittagssonne auf und ließ den Mond still stehen über dem Ayalontal.[37] Als die Streitwagen der fünf kanaanitischen Könige in die Flucht gejagt wurden, prasselten meteoritenartige Gesteinsbrocken auf sie nieder. Viele wurden davon getötet (Jos 10,11). Die Wahl der Stadt Gibeon für diese einst spektakulären Ereignisse deutet auf die Tatsache hin, dass es hier in Gibeon in alter Zeit eine monotheistische Kultstätte gab. Vielleicht existierte ein solcher Glaube nicht mehr in seiner unverfälschten Form, aber dennoch gab es in Gibeon eine geistliche Wahrnehmung von *El Elyon*, wie es die spätere Geschichte der Stadt unter Beweis stellte. Nach der Zerstörung Schilos durch die Philister richtete der Prophet Samuel in Gibeon einen Opferaltar auf. Hier beim „Großen Teich" gewannen die Männer von David die „Kriegsspiele" gegen die Männer von Ish-Boshet, dem Sohn Sauls (2. Sam 2,13-15). Es handelte sich dabei um einen Tapferkeitswettstreit, der letztlich die Dynastie König Davids errichtete. Der große Kupferaltar blieb in Gibeon als Zeuge für die uralte Heiligkeit des Ortes.[38] Dort blieb er, selbst nachdem die Bundeslade schon längst in die Stadt Davids gebracht worden war (1. Chr 21,29). König Salomons Regierungsantritt begann mit den großen Schlachtopfern, die er auf dem Altar in Gibeon darbrachte (1. Kö 3,4). Hier wurde ihm das Geschenk der Weisheit verliehen. König Salomon zog es vor, nach Gibeon zu gehen, obwohl König David bereits die „Tenne" auf dem Berge Moria von Arauna, dem Jebusiterkönig, käuflich erworben hatte und den Altar dort aufstellen ließ. Um die Einheit der Stämme zu festigen, unternahm es der neue König, am traditionellen Ort der Heiligkeit von Gibeon zu beten, derweil Moria den neuen, reineren

---

37 Tatsächlich wurde der Planet Erde in seiner Umlaufbahn um die Sonne aufgehalten. Es kann sich hier nur um ein göttliches Wunder gehandelt haben.

38 König David ernannte Priester und Leviten für die Altardienste in Gibeon, und ebenso für die Dienste in der Davidstadt, den neuen Standort der Bundeslade (1. Chr 16, 4 und 39 – 40).

↑ Der große Teich in Gibeon, Ort der endgültigen Ernennung Davids zum König

Ort der Heiligkeit darstellte, den der Allmächtige durch David offenbaren ließ. Diese göttliche Wahl wurde allen deutlich gezeigt, als der Engel des Herrn die Opferstätte auf Moria kennzeichnete (2. Sam 24,16).

Jüngste Ausgrabungen auf einem hohen Hügelrücken, bekannt als *Nebi Samuel*, haben ein monumentales, aus dem felsigen Grundgestein gehauenes altes Heiligtum freigelegt. Dieser uralte Schrein ist umgeben von einer vertieften Plattform von gigantischen Ausmaßen. Der Berg überblickt das heutige Dorf „El-Dschib" nördlich davon. Der berühmte Archäologe J.B. Pritchard identifizierte dieses Dorf als den Ort des einstigen Gibeon. Er lokalisierte ebenso den „Großen Teich", den Ort des Wettkampfes zwischen Davids und Sauls Männern. Pritchard bestätigte die Beschreibung von Gibeon als eine der großen Königsstädte (Jos 10,2).[39] Gibeon führte eine

---

39 Pritchard entdeckte das biblische Gibeon im Jahre 1956.

König Salomon

wollte zweifellos die frühere Heiligkeit des Ortes, die von vielen anderen anerkannt wurde, mit der neuen Heiligung von Moria und der messianischen Rolle des Hauses Davids verbinden. Ebenso wollte er den Riss heilen, der sich als Folge der Rebellion Absaloms innerhalb der Stämme aufgetan hatte. Die Heiligkeit Morias, obwohl sie den Jebusitern und vielen anderen Völkern wohl bekannt war, wurde bis zu seiner Weihe infolge göttlicher Verfügung verborgen gehalten. Nach Talmud Zevachim 54 wurde David vom Propheten Samuel darüber unterrichtet, wo er den Ort des zukünftigen Tempels finden würde. Daraufhin forderte David von jedem Stamm 50 Schekel ein, um ihnen damit zu versichern, dass das Heiligtum allen Stämmen gehören würde.

Föderation von vier Stadtstaaten an. Zu ihnen gehörte *Kiryat Yearim*.[40] Das monumentale Heiligtum auf dem Berg mit seinem beherrschenden Blick über Gibeon diente diesem Städtebund als geistlicher Mittelpunkt. Dieser Konföderation waren auch noch andere Hewiter Städte angeschlossen, z. B. Schilo und Sichem.[41]

Einzig der vor-israelitische monotheistische Charakter dieses zentralen Heiligtums kann erklären, warum die Stiftshütte vom Propheten Samuel hierin gebracht wurde.

Ein bemerkenswertes Zeugnis für die monotheistische Tradition in Gibeon lässt sich ablesen am Verhalten der Gibeoniter gegenüber Josua und der mit ihm kürzlich angekommenen israelitischen Nation im Lager bei Gilgal, östlich von Jericho.

Im Gegensatz zu allen anderen kanaanitischen und amoritischen Königen und Stadtstaaten wollten die Gibeoni-

---

40 Die Bundeslade wurde nach Kiryat-Yearim im Gebiet Benjamin gebracht (1. Sam 7, 1), weil die Bewohner von Bet-Schemesch der Bundeslade nur wenig Respekt entgegenbrachten. 20 Jahre blieb sie dort unter der Obhut von Abinadab und seinen Priestersöhnen. Von dort brachte König David die Bundeslade zur Stadt Davids.

41 Hier verweise ich auf die Abhandlung über Schilo und Sichem als Beweis ihrer frühen monotheistischen Traditionen.

ter mit ihren mächtigen Föderationspartnern Frieden mit Israel schließen. Das Buch Josua listet 31 Könige auf, die Israel bekämpften. Die Gibeoniter ihrerseits nahmen Zuflucht zu einer List, um eine Konfrontation zu vermeiden. Sie zogen verschlissene Kleidung an und trugen vertrocknetes Brot und zerrissene Wasserschläuche in ihrem Gepäck, als sie sich den israelitischen Lager näherten, so als ob sie aus einem fernen Land gekommen wären. Die Stammesältesten glaubten ihnen und schlossen mit ihnen einen Bund. Als nach ein paar Tagen der Betrug auflog, waren die Ältesten an ihren Schwur gebunden. Doch wurden die Gibeoniter zur Strafe zu Wasserschöpfern und Holzfällern bestimmt für den Dienst am Heiligtum. Hatten die Gibeoniter tatsächlich Josua und die Ältesten mit ihren abgenutzten Kleidern und zerrissenen Wasserschläuchen überzeugt? Mit Sicherheit nicht!

∧ Das Heiligtum der Gibeoniter wies monotheistische Züge auf

Die Gibeoniter gebrauchten Worte wie *El Elyon* und zeigten Kenntnis von den Ereignissen während des Exodus, womit sie beruhigen und überzeugen konnten. Sie wussten mit Sicherheit um den Bund Gottes mit den Patriarchen, genauso wie es die Jebusiter taten. Man erkennt hier eine eindeutige Parallele zum Bericht der Frau in Jericho, Rahab, die ebenso die von Josua gesandten Kundschafter beruhigen konnte.

Unter den beeindruckenden archäologischen Funden in *Nebi Samuel* befinden sich auch monumentale byzantinische Baureste. Fast der ganze Tell ist von mächtigen Kammern und Mauern umgeben. Die Schräglage dieser Mauern weist darauf hin, dass diese ein enorm schweres gewölbtes Dach getragen haben mussten, das bei weitem die noch vorhandene Kreuzritterkirche überragte. Die byzantinischen Kirchengebäude waren ausnahmslos auf den früheren jüdischen Heiligtümern aufgebaut. Es gibt wohl kaum einen Ort mit einer derart großen Konzentration von biblischen Ereig-

Das arabische Dorf A-Ram

der Name der biblischen Stadt Ramah. Es gibt jedoch keine Tradition, die hier das Grab des Propheten ansiedelt. Die Berghöhe von *Nebi Samuel* kann aber auch „Rama" heißen. Es gibt keine Unstimmigkeit im Vers 1. Sam 25,1, wo erwähnt wird, dass man um Samuel in seinem Heimatort Rama trauerte, und er in einer anderen Ortschaft zur Ruhe gelegt wurde. Dieser Ort wird ebenso „*Ramah*" von *Gi'von* genannt, ein Ort auf der Höhe.

nissen wie diesen, angefangen mit Josua bis hin zu David und Salomon. Hier blühte die Stadt mit der Stiftshütte als ihrem Mittelpunkt. Außerdem wurde der Ort durch das Grab des Propheten Samuels geheiligt. 614 n.d.Z. wurde die byzantinische Kirche im Zuge einer persischen Invasion zerstört oder auch etwas später in der Umayad Periode. Danach entstand eine frühe, aus dem 12. Jahrhundert erbaute Kreuzritterkirche. Interessanterweise hatten die byzantinischen Erbauer nicht die frühen vor-israelitischen Heiligtümer zerstört, was sie ausnahmslos mit heidnischen Tempeln taten. Man war sich offensichtlich des monotheistischen Charakters dieser Heiligtümer bewusst.

Das Grab des Propheten Samuel zeugt für die frühe Tradition, dass dies ein heiliger Ort war. Der Prophet, der Zeuge war von der Zerstörung Schilos, setzte sich leidenschaftlich dafür ein, den Berg Moria zur letzten und erhabensten Stätte des Tempels zu machen. Dies lehrte er den jungen David.[42]

Jedoch war Jerusalem zu Lebzeiten des Propheten noch in der Hand der Jebusiter. Samuel bestimmte für seinen letzten Ruheplatz einen Ort, der damals nicht weit entfernt von der Stiftshütte auf einem Berg lag, von dem

---

42 Talmud Zevachim 54

^ Die monumentalen Ruinen eines byzantinischen Kirchengebäudes

man einen Ausblick auf Jerusalem mit Richtung auf Moria hat. Psalm 99 spricht deutlich von seinem Anliegen, wenn er dort zusammen mit Mose und Aaron genannt wird. Allerdings ist die eigentliche Botschaft die, dass der endgültige und ewige Ort des zukünftigen Heiligen Tempels Moria ist, Gottes heiliger Berg. Es gibt eine lange, durch alle Jahrhunderte hindurch fortlaufende Tradition von jüdischen Pilgern, die *Nebi Samuel* für den authentischen Ort halten, an dem sich das Grab des Propheten Samuel befindet. Diese Tradition wurde von den Moslems übernommen. Dieses Grab war ein jüdisches Primärheiligtum, das Pilger aus allen jüdischen Zentren außerhalb Israels anzog. Es war üblich, an diesem Heiligen Grab feierliche Versprechen abzulegen und kostbare Gegenstände zurück zu lassen. Es muss besonders erwähnt werden, dass solche Gebräuche bereits vor der Zeit der Kreuzritter üblich waren.[43] Das Grab mit allen seinen heiligen Traditionen wurde während des Sechstagekrieges noch am selben Tag wie das alte Jerusalem und der Tempelplatz befreit, am 28. Ijar. Dies ist der traditionelle Gedenktag des Propheten. Tatsächlich hielt dieser Berg mit seinem hohen Aussichtspunkt die Schlüsselposition für die Befreiung Jerusalems.

---

43 Die Kairo-Archive enthalten viele Aufzeichnungen von Gelübden und Pilgerreisen zum Grab des Propheten Samuel.

Der nationale Bund zwischen Garizim und Ebal

Die Entdeckung von Josuas Altar

^ Sichem eingenistet zwischen den
Bergen Garizim und Ebal

*D*ie geografische Lage Sichems bestätigt biblische Geschichte und bringt sie auch zum Ausdruck. Sichem, oder Nablus wie die Stadt heute heißt, liegt zwischen zwei hohen Bergen, Garizim und Ebal. Sie gleichen zwei Wächtern, die die Stadt beschützen. Das enge Tal zwischen diesen Bergen vermittelt das Gefühl, beim Bundesschluss zugegen gewesen zu sein, der hier einst mit Josua geschlossen wurde.[44] Die heilige Geschichte Sichems begann mit dem ersten Hebräer und dem „*brith*", dem Bund bei *Alon Moreh*. Hier bei den Eichen, die *El Elyon* geweiht waren, errichtete *Avram* einen Altar und erhielt das göttliche Versprechen für das Land (1. Mo 12,6-7). Vater Jakob, nachdem er als Sieger aus dem Kampf

⌃ Das Heiligtum von Sichem war mit Sicherheit der Standort für die Bundeslade und die Leviten während der Bundesschließung zwischen Garizim und Ebal

---

44 Der hebräische Ausdruck für einen Bundesschluss ist „*Lichrot Brith*", wörtlich einen Vertrag *schneiden*, d.h., symbolisch zwischen den Hälften (von Tieren) hindurch gehen (1. Mo 15, 9-10).

^ Die alten Stadtmauern von Sichem

mit seinem Bruder hervorgegangen war, setzte seinen Anspruch auf den Besitz des Landes um, indem er östlich der Stadt ein Stück Land erwarb. Dieses wiederum vererbte er Josef in seinem letzten Segen als dessen Anteil (1. Mo 48,22).[45] Tatsächlich wurde das Grab Josefs in dem von Jakob gekauften Grundstück bis zum heutigen Tag zum Zeugnis für den Bund, der mit den Patriarchen gemacht worden war und zum Zeichen für die göttliche Verheißung des Landes.

Der Bund, der mit der ganzen Nation zwischen Garizim und Ebal erneuert wurde, war eine Neuinszenierung und Erfüllung des Bundes, den Gott zuvor mit dem Volk am Sinai und mit den Patriarchen geschlossen hatte. Dieser Akt folgte unmittelbar auf den Einzug ins verheißene Land und die Errichtung des *Mischkan* (Stiftshütte) in Gilgal (Jos 8,33).

Josua führte die Stämme auf demselben Weg nach Sichem, auf dem einst Vater Jakob nach Sichem gewandert war. Er brachte sechs Stämme am Berghang vom Garizim in Stellung und sechs Stämme am Berghang vom Ebal. Die Bundeslade und die Leviten hatten ihren Standort in der Mitte

---

45 Vgl. Ramban in seinem Kommentar über 1. Mo 48,22. Josefs Söhne gingen hin, um Anspruch auf Sichem zu erheben und dort eine Präsenz aufrecht zu erhalten. Dies sollte auch die monotheistische Tradition stärken.

der ovalen Talebene, welche die beiden Berge voneinander trennt. Die physische Gegebenheit der sich gegenüberliegenden, konkaven Berghänge von Garizim und Ebal erzeugte die Wirkung eines Lautverstärkers.[46] Die Leviten sprachen ihre Worte mit lauter Stimme, sodass ihre Worte von den konkaven Berghängen zurückgeworfen wurden und alle Stämme deutlich die 12 Segenssprüche (*Baruch*) und die 12 Flüche (*Arur*) hören konnten. Ihre Bestätigung endete mit einem „Verflucht sei, wer die Worte des Gesetzes nicht hält" (5. Mo 27,26). Auf diese Weise wurde ein Gesellschaftsvertrag mit dem ganzen Volk geschlossen, das damit gegenseitige Verantwortung füreinander trug. Hiermit wurde der Prozess, der zur nationalen Einheit führen sollte, beendet.[47]

Die Bewohner Sichems waren die Hewiter, die, wie bereits gesagt wurde, eine Vorstellung vom Monotheismus besaßen.[48] Sichem wird nicht erwähnt als einer der 31 Königstädte, die gegen Josua kämpften.[49] Das Heiligtum in Sichem war dem Allmächtigen Gott, El Elyon, geweiht. Dies wird deutlich gemacht, als Josua die Bundeserneuerung mit allen Stämmen hier am Heiligtum von Sichem, das dem Ewigen geweiht war, vollzog (Jos 24,26). Dann ließ Josua am Ende seines Lebens alle Stämme sich hier erneut versammeln, obwohl dieses Mal nicht im Tal zwischen Garizim und Ebal, sondern an der Tempelzitadelle, *Beth-El Brith* (Ri 9,46). In seiner dramatischen Ansprache vor dem ganzen Volk fasste Josua noch einmal die ganze Geschichte Israels zusammen und stellte es vor die Herausforderung, den Bund zu brechen, sollten sie es so wollen. Das Volk aber gelobte

---

46 Die Leviten sprachen mit einer lauten Stimme, d.h., mit *kol ram*. „Kol Ram" ist im Hebräischen das Wort für Lautsprecher.

47 Vgl. 5. Mo 27, 9

48 Ich verweise auf das Kapitel 8. Die Gibeoniter waren auch Hewiter. Aus diesem Grunde wurde Abraham auch am Eichenhain Moreh akzeptiert. Er errichtete dort einen Altar und unterrichtete sie in einer höheren Form der Anbetung.

49 In den „Tell El Armana" Briefen wirft man dem König von Sichem vor, mit den „Hapiru" Angreifern – eine mögliche Anspielung auf die Hebräer – zu kooperieren.

↑ Im Areal des Heiligtums von Sichem, Josuas Erinnerungsstein des Bundes

Bundestreue, worauf Josua eine *Matzevah*, ein steinernes Monument nahe der alten Steineiche von Elon Moreh[50], errichtete und es zum Zeugen für den Treueschwur machte.

Eine bemerkenswerte Tatsache ist die Entdeckung genau dieses *Matzevah* Steines am Heiligtum von Sichem durch den amerikanischen Archäologen G. Ernest Wright, der von 1964 – 67 eine sorgfältig durchgeführte Ausgrabung von *Tel Balata*[51], dem uralten Sichem, leitete. Dieser Tell hat selbst den Namen von Abrahams Eiche bewahrt. Ein Besuch am Tel Sichem ist ein zutiefst beeindruckendes biblisches Erlebnis aufgrund der sehr gut erhaltenen Ruinen, die mit so vielen biblischen Ereignissen in Verbindung stehen. Seine riesigen Stadtmauern und beeindruckenden Stadttore existierten

---

50 Nach dem Sechstagekrieg war es ein außerordentlich großes Erlebnis, den Tell Sichem zu besuchen und Josuas *Matzvah Stein* zu bestaunen. Der uralte Baum hier wird allerdings eine „*Elah*" (Terebinthe) genannt.
51 Im Arabischen heißt „Balut" Eiche, also die Eiche von Moreh.

⌃ Josuas Monument am
Sichem Heiligtum

bereits in der Zeit von Vater Jakob.
Es scheint, dass die Stadt zur Zeit
Abrahams in Trümmern lag, da nur
Elon Moreh herausgehoben wird:
„Und Abram durchzog das Land bis
zur Stätte von Sichem, bis zur Eiche
Moreh. Damals waren die Kanaa-
niter im Land" (1. Mo 12,6). Der
Ausdruck „Zur Stätte Sichem" deutet
darauf hin, dass in der Zeit von Abrahams Aufenthalt die Stadt nicht existierte,
und dies wahrscheinlich mit der kanaanitischen Eroberung in Verbindung
stand (vgl. Ri 9,45).

Erstaunlicherweise war es der römische und zukünftige Kaiser von Rom,
Vespasian, dem wir die Erhaltung des alten Sichems verdanken. Vespasian
baute eine neue Stadt mit Namen Neapolis, „Neue Stadt"[52] nördlich vom
alten Sichem. Auf diese Weise wurde der Zerstörer von Jerusalem und
Eroberer von Judäa der unbeabsichtigte Bewahrer der Stadt des Bundes.[53]
Tell Balata wurde nach seiner Ausgrabung zu einer der am besten erhaltenen
biblischen Stätten. Die Botschaft, die von hier ausgeht, ist klar: Der Ort, an
dem das israelitische Volk als Nation neu in den Bund eintrat, ist zum ewigen,
steinernen Zeichen gesetzt worden. Ein weiterer Beweis für die israelitische
Geschichtsvergangenheit in diesem Gebiet ist die ununterbrochene Präsenz
der Samariter in Sichem und die Heiligkeit, die sie dem Berg Garizim zu-
schreiben. Das Überleben der Samariter oder der *Shomronim*, die als
das kleinste Volk der Welt gelten, ist eine verblüffende Tatsache, zumal
sie sich selbst als die wahren Überlebenden der Israeliten sehen.

---

52 Der Name der heutigen arabischen Stadt Nablus ist abgeleitet von „Neapolis" (lat. neue Stadt).
53 Vgl. Josephus, *Jüdischer Krieg*, 4:8, 1. Zwangsläufig wurden durch den Aufbau der neuen Stadt die alten
Fundamente zerstört. Neapolis wurde im Jahr 72 n.d.Z. erbaut.

Abimelech, Sohn Gideons König von Sichem

Der Ausdruck „Stätte von Sichem" könnte auf eine Lücke in der Geschichte dieser Stadt hinweisen, da in dem gleichen Vers die Kanaaniter als ein neuer Faktor in dieser Gegend erwähnt werden. Die Tempelzitadelle, El Brith genannt, existierte allerdings schon früher, was wiederum deutlich auf die monotheistische Tradition in Sichem hinweist. Man könnte auch hier das Beweisstück einer späteren Periode heranziehen in der Person von Abimelech, den Sohn Gideons, als dieser in dem Versuch, an die Königsmacht zu kommen, von seinen Verbündeten unterstützt wurde. Später schickte er sie alle in den Tod in derselben Tempelzitadelle des Baal El Berit, indem er dort Feuer legte (Ri 9, 46-49).

Der Name „Shomronim" kommt von dem Wort „Samaria", was im Hebräischen Shomron heißt. Shomron war die uralte Hauptstadt der Nordstämme. Sie nennen sich selbst die „Shamerim", d. h., diejenigen, die das Gesetz Moses halten. Ihr Ursprung liegt in fernen Ländern, wie es scheint, im heutigen Afghanistan. Sie wurden damals von den Assyrern in „Shomron" angesiedelt, um den Platz der Nordisraeliten auszufüllen, die zum selben fernen Land verbannt worden waren. Im Gebiet Shomron hatten sich dann die Neuankömmlinge der Ortsreligion angepasst und sich schnell mit den noch verbliebenen Israeliten vermischt. Ihre Traditionen sind eindeutig die des Nordreiches, das aus den 10 Stämmen bestand, die sich nach dem Tod Salomos vom judäischen Königreich abtrennten.

Ihre Schrift ist noch immer die alte hebräische Schrift, und sie erheben den Anspruch, ihre Abstammung auf die Stämme von „Efraim und Manasse" zurückzuführen. Ihr hartnäckiges Überleben in Sichem ist ein bedeutsames Zeugnis für die israelitischen Wurzeln in dieser Gegend.

Die Entdeckung von Josuas Altar auf dem Berg Ebal schuf einen starken zeitgenössischen Bezugsrahmen für den *Brith*, der von der ganzen Nation in Sichem geschlossen wurde. Der authentische *Mizbe'ach* (Altar) auf dem

^ Garizim und Ebal bilden mit ihren konkaven Abhängen den Schauplatz der Bundesschließung

Berg Ebal war ein unerlässlicher Bestandteil dieses Bundes. Es waren zwölf hohe Gedenksteine neben dem Altar aufgestellt, auf denen das 5. Buch Mose geschrieben war. Auch die archäologischen Funde, die man neben dem Altar aus der frühen Eisenzeit fand, wie etwa Tonwaren, typische ägyptische Ornamente und viele Knochen von koscheren Tieren, datieren zweifellos diesen Altar in die Zeit der israelitischen Eroberung des Landes. Prof. Adam Zer-Tal, der diese Stätte identifizierte und offenlegte bei seinen Ausgrabungen, wurde zusehend davon überzeugt, dass es sich tatsächlich bei dieser Struktur um einen frühen jüdischen Altar handelt, weil er mit der Beschreibung und den Maßen des Altars in der Mischna (Midot 3:1) übereinstimmt. Zwischen der Erde und der Asche im Inneren des Altars wurde eine Anzahl von Gipsteilen gefunden, die zu den 12 Steinen gehörten, die Josua neben dem Altar aufgestellt hatte.

Gab es zwei oder drei Reihen von 12 Steinen?

Der Ausdruck „Ba'er Haitev" im normalen Sprachgebrauch (5. Mo 27, 2-8) wird von einigen unserer Weisen so verstanden, dass nur das 5. Buch Mose auf die Steine geschrieben wurde und ebenso die Hauptgrundsätze des Gesetzes in 70 Sprachen. Nach Beendigung der Bundesvereidigung wurden die 12 Steine von ihrem Platz neben dem Altar entfernt, um sie wieder im Lager in Gilgal aufzustellen (siehe Talmud Sota, 36). Dies hat zu der Frage geführt: Hatte es zwei oder drei Reihen von 12 Steinen gegeben?

Die Frage nach dem Standort des Altars konfrontierte die Archäologen allerdings mit einem Rätsel. Zusammen mit dem ausdrücklichen Befehl, den Altar auf dem Berg Ebal zu errichten, wurde auch der genaue Ort für die Bundesschließung angegeben, nämlich zwischen Garizim und Ebal. Doch der gefundene Altar steht auf dem ganz weit entfernten östlichen Abhang des Berges Ebal, also nicht im Entferntesten in der Nähe des Tales, wo der Bund geschlossen wurde und auch nicht gegenüber vom Berg Garizim! Man hat dieses Rätsel damit gelöst, indem man dieser letzten und endgültigen Bundesschließung durch die Nation eine tiefere Bedeutung zumisst.

Der Altar (Misbe'ach) und die daneben aufgestellten 12 Steine waren nach Osten gerichtet und dies aus einem zwingenden Grund: die große, um den Altar versammelte Menge, konnte von ihrem hohen Aussichtspunkt aus das gesamte Panorama der erfüllten göttlichen Absicht erkennen. Sie konnten im Westen das Grab Josefs neben den mächtigen Stadtmauern von Sichem sehen. Weiter östlich konnten ihre Augen den ganzen Weg verfolgen, auf dem Vater Jakob von Gilead bis zum Jabbok wanderte, und sie ebenso über den Schauplatz der Begegnung mit seinem Bruder Esau schweifen lassen. Ihr Blick folgte dann dem noch hinkenden Jakob

▲ Josuas Altar in seinem wieder hergestellten Zustand

auf seinem Weg nach Sichem, wo er geheilt wurde.[54] Sie konnten nun seine Transformation von Jakob zu Israel und seine Begegnung mit den Bewohnern von Sichem miterleben.

Hier wird klar, was die Botschaft des Altars und der 12 Steine mit dem darauf geschriebenem Wort Gottes war: Gott der Allmächtige hatte Seine Verheißung an die Patriarchen und ebenso Seinen Teil des Bundes gehalten, indem Er die Nation bis hierher gebracht hatte. Jetzt lag es an ihnen, ihren Teil des Bundes zu erfüllen. Darum ist der Standort des Altars auf dieser östlichen Seite des Berges Ebal ein wesentlicher und notwendiger Aspekt ihrer Annahme des Bundes, der sich zwischen Garizim und Ebal vollzog.

Dass es sich tatsächlich um diese zwei sich ergänzenden Aspekte des Bundes handelte, wird durch die gut durchdachten Einzelheiten dieses verheißungsvollen Ortes bestätigt. Der *Mizbe'ach* war von zwei sorgfältig angelegten Einfriedungen umgeben, von denen die kleinere der beiden auf einer eigenen Plattform neben dem Altar der Aufstellung der Bundeslade

---

54 Vgl. 1. Mo 33, 18: Jakob kam „shalom", wohlbehalten, in Sichem an", was so viel wie geheilt heißt.

diente, wie auch als Standort für die Priester und Leviten. Die größere Einfriedung diente den versammelten Stämmen oder vielleicht auch nur ihren Stammesältesten.

Eine eingehende Untersuchung des Altars ließ auf zwei Bauphasen schließen. Da war zunächst ein kleinerer Altar, welcher zeitlich mit der ersten Ankunft der Stämme in Sichem zusammenfiel. In der 2. Phase wurde der große Altar gebaut, und alles, was noch vom ersten übriggeblieben war, wurde sorgfältig in sein Innerstes entsorgt, selbst die Asche und die Tierknochen des ersten Altars. In dieser Phase wurden die Einfriedungen gebaut. Eine der Fragen, die einiges Kopfzerbrechen verursachten, befasste sich mit der Tatsache, dass das gesamte Altarareal sorgfältig mit Steinen bedeckt war. Diese 2. Phase entspricht der Zeit der Bunderserneuerung, als Josua gegen Ende seines Lebens wieder die ganze Nation in Sichem versammelte. Bei dieser Gelegenheit testete er ihre Bundestreue mittels

∧ Josuas Altar auf dem Berg Ebal vor seiner Wiederherstellung

^ Zwischen Garizim und Ebal

einer rhetorischen Herausforderung zum Bundesbruch. Dieser letzte Brith wurde wieder an dem Ort des Altars auf dem Berg Ebal durchgeführt. Nach diesem letzten feierlichen Treffen wurde der gesamte heilige Bereich zugedeckt und den Blicken entzogen, um damit die Unwiderruflichkeit des Bundes zu demonstrieren.[55]

Das feierliche Prozessionsritual

Es war ein fester Brauch für Pilger, in festlicher Prozession das in der Form einer Fußsohle eingefriedete Gebiet zu umlaufen und Opfer darzubringen, wie dies anhand von Tierknochen und Keramik aus der Richterzeit nachgewiesen werden kann (12.-11. Jahrh. v.d.Z.). Es könnte durchaus möglich sein, die Idee von der „Aliya Laregel" (zu Fuß hinaufgehen) auf dieses frühe Ritual zurückzuführen.

---

55 Ein anderer Grund für das Verschwindenlassen dieser Stätte war zweifellos das Verbot, an irgendeinem anderen Ort als dem Zentralen Heiligtum in Schilo zu opfern.

Die Botschaft von den gigantischen Fußabdrücken

Die Entdeckung der gigantischen Einfriedungen in der Form eines Fußabdrucks im Jordantal dokumentiert eindrucksvoll den Einzug der Israeliten in das Verheißene Land. Fünf solcher einmaligen Einfriedungen wurden in dem Gebiet entdeckt, das sie von ihrem Lager in Gilgal östlich von Jericho aus bis zum Standort des Altars auf dem Berg Ebal durchzogen hatten. Die letzte Einfriedung befindet sich dort, wo Josua den Altar errichten ließ. Sie drückten symbolisch den Bund und die Landeinnahme im Verheißenen Land aus (5Mo 11,24). Wir können davon ausgehen, dass Pilger während der ganzen Richterzeit diesen Weg der Israeliten von Gilgal nach Sichem, dem Ort der Bundeserneuerung, selbst noch einmal gegangen waren. Dabei würden sie um jeder dieser fußförmigen Anlagen herumgehen und gleichsam wie in einem Akt des Glaubens das Land wieder in Besitz nehmen.

Man würde dann ein Opfer auf dem Altar in jeder dieser Einfriedungen darbringen. Solche Rituale dauerten offensichtlich fort bis zur Errichtung des salomonischen Tempels, als dieser zum zentralen Heiligtum für alle Stämme erklärt wurde.

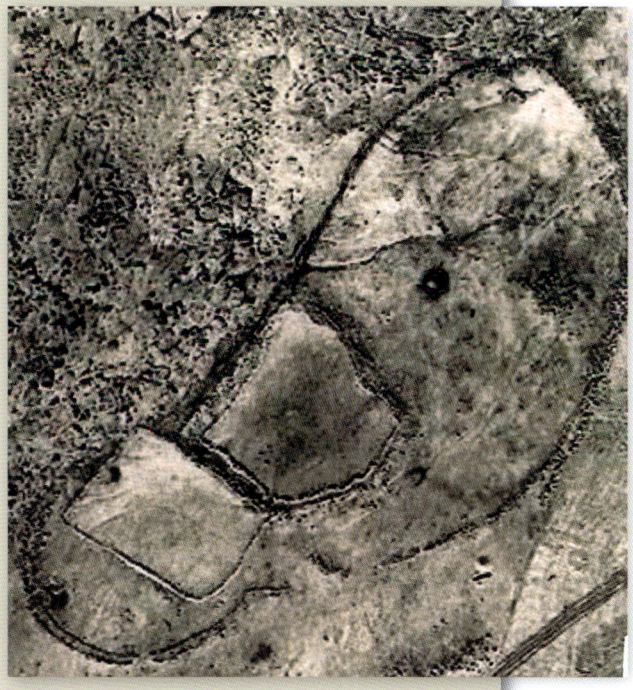

∧ „Jeder Ort, auf den eure Fußsohle treten wird, wird euch gehören" 5. Mo 11,24

Die Einzig-artigkeit der geografischen Lage Schilos

Der Wohlgeruch von Weihrauch in Schilo

∧ Die Zentrale Synagoge im modernen Schilo, gebaut im Stil der einstigen Stiftshütte

^ Schräg stehende Mauerreste einer alten Synagoge in Schilo

Die Frau des Pinchas, Sohn des Hohepriesters Eli, nannte ihren Sohn bei der Geburt „*I'Kabod*". Sie sagte sterbend: „Die Herrlichkeit ist von Israel gewichen!" Die Bundeslade war gerade von den Philistern erbeutet worden (1. Sam 4,21). Auf diese Tragödie folgte schon bald die Zerstörung Schilos durch die Philister.[56] Diesen Tiefpunkt in der Geschichte Israels, wie er sich in diesem Namen ausdrückt, kann man heute beim Anblick der Ruinen vom Tell Schilo nachvollziehen, doch ebenso auch die Herrlichkeit dieser Stätte, die einmal Schilo war. Fast 400 Jahre[57] war sie der Mittelpunkt der Stämme Israels gewesen. Es war Josua, der die Stiftshütte nach Schilo brachte. Hier an diesem Ort wurde das Los geworfen für die Landverteilung an die Stämme (Jos 18,8-10). Der einstige Standort des Heiligtums ist deutlich sichtbar auf der ebenen Fläche im nördlichen Teil des Tells. Die Maße der Stiftshütte

---

56 Die Bundeslade wurde um das Jahr 1250 v.d.Z. von den Philistern in Eben Ha'Ezer erbeutet.
57 Dem Talmud zufolge (Zevachim:18) dauerte die Blütezeit des *Mischkan* in Schilo 369 Jahre.

einschließlich seines umliegenden Hofes betrugen 100x50 Ellen, so wie es vorgeschrieben war in 2. Mo 27,18. Die ebene Fläche stimmt mit diesen Maßen überein. Wichtige Hinweise vor Ort findet man noch dort, wo man noch am bearbeiteten Felsen die Spuren der einstigen Mauer sehen kann. Da der *Mishkan* in Schilo nicht als ein dauerhaftes Heiligtum gedacht war, sondern eher der „Stiftshütte" in der Wüste ähnlich sein sollte, hatte man ihn mit schrägen Mauern gebaut, die mit Häuten überdeckt waren. In den Worten der *Mischna* war er „halb Bau und halb Zelt". Diese deutlich sichtbaren Felsausbrüche erstrecken sich in einer Ost-West Richtung, da sich das Heiligtum notwendigerweise auch an dieser Richtung orientierte.

Schilo bot sich an als die ideale Wahl für den Standort des Heiligtums aufgrund seiner zentralen Lage und topografischen Gegebenheiten. Der Tell wird auf drei Seiten von Hügeln umgeben, und zwar so, dass diese sich wie ein naturgegebenes Amphitheater um die Stätte des Heiligtums schmiegen. Genauer gesagt, der Tel selbst würde die vierte Seite dieses Areals bilden. Die ankommenden Pilger konnten ihre Zelte auf den nahegelegenen Anhöhen aufschlagen und von dort dem heiligen Geschehen in ihrer Mitte folgen. Es war tatsächlich im religiösen Grundgesetzt verankert, dass das Heiligtum von allen Seiten gesehen werden musste. Die Pilger durften ihren Anteil am Opfer nur dann essen, wenn sie sich in Sichtweite vom Heiligtum befänden.[58] Aufgrund dieser Topografie konnte sich eine große Menge um den *Mischkan* versammeln. Beweise für diesen Brauch liefern uns die Mengen von zerbrochenem Tongeschirr auf allen umliegenden Anhöhen. Das Gesetz erforderte das Zerbrechen aller Töpferwaren, in denen Opferfleisch gekocht wurde.

---

58 Mischna Megilla, 1:11. Dieses Gesetz galt nur für Schilo. Die Topografie des Berges Moria weist eine ähnliche Lage auf, da er auch von höheren Hügeln umgeben war.

^ Traditionelle Grabeshöhle des Hohepriesters Eli in Schilo

Der Weg des „Mevaser", des Boten, der die tragische Nachricht vom Kampffeld überbrachte, führte direkt zum südlichen und einzigen Stadttor.[59] Mit zerrissener Uniform und Staub auf seinem Haupt rannte er[60] direkt auf Eli zu, dem alten Hohepriester, der neben dem Eingang zum Heiligtum saß. Die ganze Stadt war in Aufruhr, als der *Mevaser* – der gemäß Tradition Saul war – durch die Stadt rannte. Eli hörte den Lärm, noch bevor Saul bei ihm ankam. Hier haben wir einen Beweis dafür, dass sich das Heiligtum tatsächlich auf der Plattform im nördlichen Teil des Tells befand. Sobald Eli vom Tod seiner beiden Söhne und dem Verlust der Bundeslade erfuhr, fiel er tot von seinem Stuhl.

---

59 Spuren dieses Tores am südlichen Ende des Tells sind deutlich sichtbar, da die Straße von hier aus in Richtung Norden und hinunter zum Niveau des Heiligtums führte.
60 Der „Mevaser", nämlich Saul, rannte von Eben Ha'Ezer nach Schilo, eine Strecke von etwa 25km. Diesen Lauf könnte man den israelischen Marathon nennen.

∧ Tell Schilo, das Plateau des Heiligtums

Die Ausgrabungen am Tell erbrachten den klaren Beweis dafür, dass Schilo eine Stadt war, die dem Dienst am Heiligtum geweiht war.[61] Es wurde eine Anzahl von Lagerhallen gefunden, in denen riesige Krüge zur Aufbewahrung von Getreide und anderen Lebensmitteln für den Gebrauch von Priestern und Leviten gelagert waren. Es gab zudem viele in Felsen gehauene Ritualbäder, die sogenannten *Mikvaot*, die für die rituelle Reinheit unerlässlich waren. Archäologen sind der Meinung, dass einige der öffentlichen Bauwerke vor-israelitischen Ursprungs sind und darauf hinweisen, dass Schilo schon früher eine religiöse Stätte war, wo man eine Gottheit verehrte, die den Israeliten bekannt war. Dies würde auch Josuas Wahl von Schilo erklären, abgesehen davon, dass die hewitische Stadt Schilo nicht gegen die Israeliten kämpfte. Diese übernahmen die Stadt, ohne ihre Waffen zu erheben, wie dies aus den frühen intakten

---

61 Israel Finkenstein, der hier 1981 grub, konnte den Standort des *Mischkan* nicht finden.

↑ Die Stiftshütte in Gilgal, im Lager der Israeliten, südlich von Jericho

Stadtmauern hervorgeht. Direkt neben der westlichen Stadtmauer befindet sich ein riesiger Ausgrabungsschacht, wo eine Anzahl israelitischer Häuser, völlig mit Ruß und Asche bedeckt, gefunden wurde. Sie sind Zeugen der gewaltsamen Zerstörung durch die Philister.[62] In der Nachbarschaft des Tells befinden sich mehrere Ruinen, welche die jüdische Vergangenheit wieder aufrufen. Da ist zunächst die beeindruckende Ruine einer Synagoge im südlichen Teil des Tells. Der berühmte jüdische Pilger, Rabbi Eshtori Haparchi, besuchte Schilo im Jahre 1322 n.d.Z. Er hinterließ in seinem Werk „Kaftor VaPerach" eine Beschreibung dieser Synagoge. Sie war im Stil des *Mischkan* von Schilo mit zeltähnlichen schrägen Mauern gebaut. In seiner Zeit war dieses Gebäude noch intakt, auch wenn es inzwischen in eine Moschee umfunktioniert worden war. In der örtlichen Tradition wurde diese Synagoge „Kubat A Sechina" (Schekina) genannt, was so viel heißt, dass die Gegenwart des göttlichen Geistes hier zugegen war. Man

---

62 Die Zerstörung Schilos ereignete sich ungefähr im Jahre 1050 v.d.Z.. Die Sitftshütte wurde durch den Propheten Samuel gerettet und in Nob wieder aufgestellt und dann in Gibeon, wo sie 57 Jahre blieb.

kann diese Synagoge in das 7. oder frühe 8. Jahrhundert n.d.Z. datieren, weil man dies an den Säulen und Kapitälen erkennen kann, die aus zerstörten, lokalen byzantinischen Kirchen genommen wurden.[63] Eine andere große Synagoge stand in der Nähe des südlichen Endes des Tells und wieder auf den Ruinen einer byzantinischen Kirche. Auch diese Synagoge wurde später in eine Moschee umfunktioniert.[64] Hier beten bis zum heutigen Tag Frauen, die wie Hanna, die Mutter Samuels, mit Kindern gesegnet werden möchten.

Ein anderes bemerkenswertes geschichtliches Ereignis hat sich im frucht-baren Tal östlich von Schilo abgespielt. Sein Ortsname ist *Marg al Id*. Dies erinnert immer noch an das bekannte Fest, für das Schilo berühmt wurde. Es geht zurück auf den 15. Aw, von dem der Talmud sagt, dass es keine fröhlicheren Tage (im jüdischen Jahr) gab als Yom Kippur und der 15. Aw, weil dann die Töchter Israels ganz in Weiß gekleidet hinausgingen, um in den Weinbergen zu tanzen" (übers.).[65] Dieses Fest der Freude wird im Buch der Richter erwähnt. Dort wird erzählt, dass man den jungen Männern vom Stamm Benjamin den Rat gab, sich unter diesen tanzenden Mädchen eine Braut zu suchen.[66] Ihnen wurden genaue Reiseanleitungen gegeben, um ihnen den Weg zum „großen Fest des Herrn in Schilo" zu weisen, und zwar nach Schilo über die große Straße „Mesilah", die von Bet-El nach Sichem, und dann östlich vorbei an Levona (Ri 21,19) führte.

---

63 Diese byzantinischen Kirchen wurden im Zuge einer persischen Invasion im Jahr 614 n.d.Z. zerstört, oder noch später in der moslemischen Umayad Periode.

64 Diese beeindruckenden Synagogen sprechen von einer jüdischen Rückkehr-Bewegung, über die man wenig weiß.

65 Mischna Taanit, 4:8. Der Sühnetag wird hier ein Tag der Freude genannt mit Blick auf die Sündenvergebung und die Reinheit des Familienlebens, was beides Ausdruck fand im Tanz der jungen Frauen.

66 Nur 600 Benjaminiter überlebten in der Festung „Sela HaRimmon". Alle anderen Stämme hatten gemeinsam geschworen, keine ihrer Töchter dem Stamme Benjamin in die Ehe zu geben als Strafe für ihr gewaltsames Vorgehen gegen die Konkubine in Gibea (Ri 20, 4-5).

Eine talmudische Quelle[67] zitiert einen „Zaken" (verehrten Lehrer), der es wiederum dem berühmten Weisen Rabbi Yochanan Ben Korcha erzählte, dass er noch immer während seiner Wanderung zwischen den Ruinen des Mischkan den Wohlgeruch von „Ketoret" (Weihrauch), der hier in Schilo geopfert wurde, wahrnehmen konnte. Diese Quelle ist ein Beweis dafür, dass man selbst noch nach Jahrhunderten die Ruinen der Mauern sehen konnte und dass der Ort wohl bekannt war. Ebenso können wir auch heute noch einen Rundgang um die Ruinen des Tells machen und den Standort entdecken, wo das Heiligtum einst gestanden hatte. Dabei können wir dann auch das natürliche Amphitheater um den Tell des alten Schilo erkennen und uns die Pilger in Feststimmung vor ihren Zelten vorstellen. Wir können auch die roten Dächer des modernen Schilo sehen und uns an den vielen Kindern erfreuen, die Schilo jetzt als ihre neue Heimat kennen. So wie es der Weise erzählte, können wir vielleicht auch den Weihrauchduft aus alten Tagen wahrnehmen und der Mutter des Ikabod sagen, dass die einstige Herrlichkeit nach Israel zurückgekehrt ist.

---

67 Talmud Yoma, 39

Die Rückgabe der geraubten Heiligen Bundeslade

Ein Bild für die endzeitliche Erlösung

◁ Die Heilige Bundeslade
als Gefangene bei den
Philistern
(mit Genehmigung des
Tempelinstitutes in
Jerusalem)

Über Jahrhunderte blieben die Philister die erbittertsten und gefährlichsten Feinde für Israel. Sie waren auch gleichzeitig die Oberherren im Dienste der Jebusiter. Auf ihr Geheiß hin mussten die Patriarchen ihr Anrecht auf Jerusalem aufgeben. Dennoch waren es gerade die Philister, die wesentlich zur größten Verherrlichung des Namen Gottes und zur Bestätigung Israels beitrugen, so wie es sich am Ende der Tage

Tel Bet Schemesch, wohin die Bundeslade auf übernatürliche Weise zurückgeschickt wurde

erfüllen wird. Die von Wundern umgebene Abschiebung der Bundeslade von Ekron nach Bet Schemesch in der Begleitung aller führenden Philister, die dabei zu Zeugen der Herrlichkeit des Gottes Israels wurden, war das einzigartige, von höchster geistlichen Bedeutung gezeichnete Ereignis, das Israel seinen Platz unter den Nationen zuwies. Umgekehrt aber kann man auch sagen, dass die Erbeutung der Bundeslade in der Schlacht von

Abimelech, König von Gerar,

ließ sowohl Abraham als auch Isaak einen Vertrag unterzeichnen, der sie praktisch dazu zwang, ihren Anspruch auf Jerusalem aufzugeben. (Ein gutes Beispiel für eine Midrasch-Überlieferung (A.d.Ü.). Die Jebusiter stellten diesen Vertrag zur Schau, wobei sie Jakob mit einbezogen, um sich in dieser Weise auf die Patriarchen als den Blinden (Isaak) und Lahmen (Jakob) zu berufen (2. Sam 5, 6-8). Ich weise hin auf das Kapitel „König David und die Blinden und Lahmen".

Eben HaEzer und die folgenschwere Zerstörung des Heiligtums in Schilo, nicht nur eine demütigende militärische Niederlage war, sondern auch eine Entweihung des Namens Gottes. Die Frau von Pinchas, des Sohnes von Eli, des Hohepriesters, wusste diese Talfahrt in Israels Geschichte treffend auszudrücken. Als sie kurz vor ihrer Niederkunft stand, wurden ihr der Tod ihres Mannes und der Verlust der Bundeslade mitgeteilt. Im Augenblick ihres Todes hauchte sie noch den Namen ihres neugeborenen Sohnes, nämlich *Ikavod*, „weil die Herrlichkeit von Israel gewichen ist" (1. Sam 4, 19-22).

Die Philister trugen die Bundeslade im Siegeszug durch ihre Städte und stellten sie in den Tempel ihres Gottes Dagon in Aschdod auf. Doch es geschah den Bewohnern und ihrem Gott großes Unglück. Voller Angst schickten daraufhin die Philister die Bundeslade zur großen Philister Metropole Gath, aber dort geschah das gleiche Unheil, das in Aschdod zugeschlagen hatte. In einem letzten Versuch, die Macht der Heiligen Bundeslade zu testen, brachten sie diese nach Ekron, dem Herrschaftsgebiet des kanaanitischen Gottes Baal Zevul. Und wieder schlug das Unglück zu. Die Bewohner von Ekron litten an mehreren Plagen. Was nun geschah, war in der Tat einmalig in der Beziehung zwischen Israel und den Nationen. Die Priester und Führer der Philister entschieden sich für eine letzte Kraftprobe mit dem Gott Israels, was eigentlich bereits einer Anerkennung

seiner Macht gleichkam und entschlossen sich, die Bundeslade auf ihren Weg zur israelitischen Grenzstadt Bet Schemesch zu schicken, doch in einer Weise, welche die innere Heiligkeit des Lade testen sollte. Sie zogen die Möglichkeit in Betracht, dass alles Vorhergehende vielleicht einfach nur Zufall gewesen war.

Die Bundeslade wurde nun auf einen neuen Wagen geladen. Es wurden zwei junge Kühe, die gerade gekalbt hatten, vor diesen Wagen gespannt, während man ihre jungen Kälber im Stall eingeschlossen hatte. Die gesamte Philister-Führerschaft war in Bereitschaft und folgte der Bundeslade, während die Kühe ohne Anweisung, und trotz ihrer brüllenden Kälber, mit dem Wagen geradewegs auf ihr Ziel Bet Schemesh zusteuerten, ohne nach rechts oder links zu schauen. Der hebräische Ausdruck *vayisharna* hat eine doppelte Bedeutung: *Shir* ist das „Lied", und *yashar* bedeutet „geradeaus". Unsere Quellen beschreiben diese

Das Philister Heiligtum des Baal Zevul in Ekron, den man lästernd Baal Zevuv nannte, Herr der Fliegen. (mit freundlicher Genehmigung von BAR, Biblical Archeology Review, A. d. Ü.).

Die Philister glaubten,

dass Baal Zevul, eine mächtige kanaanitische Lokalgottheit, mit Sicherheit der Macht der Heiligen Bundeslade gewachsen wäre. Die Bibel aber nennt diesen Gott „Baal Zevuv", Herr der Fliegen. Als Ahasja, König von Israel, einst krank wurde, ließ er Boten nach Ekron schicken, um sich von diesem Gott Hilfe erbitten zu lassen (2. Kö, 1,2). Der Prophet Elia züchtigte ihn daraufhin, und er musste sterben.

übernatürliche Rückkehr der Heiligen Bundeslade als ein Ereignis, bei dem die Kühe, obwohl man ihnen keine Richtung angegeben hatte, nicht nur direkten Kurs auf Bet-Schemesch nahmen, sondern auch auf dem Weg sangen (Talmud Avoda Sarah 24:). Dieses ungewöhnliche Wunder war auf der einen Seite eine wichtige Lektion für die Nationen, um ihnen verständlich zu machen, dass die Erbeutung der Bundeslade nicht ein Sieg ihrer Götter war; aber vor allem war es eine Lektion für Israel, und die Gelegenheit die Entehrung des Namens Gottes zu bereinigen.

Unsere Weisen lehren, dass die Kühe ein neues Lied sangen, nämlich den Psalm 98, den man wieder hören wird in der Zeit der endgültigen Erlösung. In der Tat: dieses Kapitel berichtet über die Rückkehr der

∧   Tel Zora in der Nähe von Bet Schemesch, Geburtsort von Samson

Heiligen Bundeslade: „Der Herr hat kundgetan sein Heil, vor den Augen der Nationen geoffenbart seine Gerechtigkeit. Er hat seiner Gnade und seiner Treue für das Haus Israel gedacht. Alle Enden der Erde haben das Heil unseres Gottes gesehen" (Ps 98, 2-3). Hier haben wir eine genaue Beschreibung dieses außergewöhnlichen Ereignisses, das sich zukünftig wieder ereignen wird.

Die Geschenke, die man mit der Bundeslade geschickt hatte, wurden als ein klarer Hinweis darauf gedeutet, dass die vielen Wunder bei der Rückgabe der Heiligen Lade ein Zeichen für zukünftige Generationen sein sollten. Die Philister hatten ein Sühneopfer neben die Bundeslade in der Form von goldenen Objekten gelegt, die ihre Leiden versinnbildlichen sollten. Fünf goldene Mäuse und Bildnisse ihrer körperlichen Leiden lagen in einem Kasten neben der Lade. Später stellte man genau diesen Kasten neben die Bundeslade im Tempel von König Salomon auf, neben anderen heiligen Gegenständen, wie den Stab des Hohepriesters Aaron und den mit Manna gefüllten Krug aus der Wüste. Als der gerechte König Josia die Heilige Lade kurz vor der Zerstörung des Ersten Tempels versteckte, verbarg er auch diese heiligen Gegenstände und eben auch die von den Philistern mitgeschickten goldenen Bildnisse (Talmud *Shekalim*, 16). In der Zeit der endgültigen Erlösung wird man wieder den Gesang der Kühe hören, und diese goldenen Objekte zusammen mit der Bundeslade werden wieder sichtbar sein.

Allerdings erwiesen die Bewohner von Bet Schemesch der Heiligen Bundeslade nicht den gebührenden Respekt, und auch sie wurden bedrängt. Reumütig baten sie die Leute von *Kiryat Yearim*, die Bundeslade zu übernehmen. Dort blieb sie für die nächsten 20 Jahre im Hause des Abinadab in *Givat Kiryat Yearim,* im Stammgebiet Benjamin. Von dort brachte König David sie zur Davidstadt.

Jonathans
Glaubenstest
in Michmas

Das Wesen
biblischer Wunder

∧ Die Michmas Furt und die
beiden Hügel Senne und
Bozez

Am Anfang der Regierungszeit König Sauls existierte unter den Stämmen Israels ein solcher Zustand, dass sie in Zeiten eines Krieges weder Schwerter noch Speere besaßen (1. Sam 13,22). Die kriegerischen Philister hielten den Prozess der Eisengewinnung streng geheim und waren darum in der Lage, das Bergland zu beherrschen. Von ihrem Lager aus in Michmas, im Stammland Benjamin, gingen sie auf Raubzüge in die umliegenden Dörfer, sodass sich die Bewohner in Höhlen verstecken mussten. Jonathan, der Sohn Sauls, war entschlossen, diesem Zustand ein Ende zu bereiten.

∧ Die heutige Stadt Michmas mit ihrer berühmten Furt

In Begleitung seines Waffenträgers rückte er noch vor Morgengrauen durch eine tiefe Schlucht zum Außenposten der Philister vor, der hoch oben über ihnen auf dem Berg stationiert war. Es war sein Plan, göttliches Eingreifen

<figure>
^ Die Festungen von Senne und Bozez
</figure>

zu erbitten. Seinem Gehilfen sagte er, dass sie sich den Philistern offen zeigen würden. Sollten sie mit dem Ruf „Kommt zu uns herauf" reagieren, würde dies ihr Zeichen sein, dass Gott auf ihrer Seite war. Sollten sie jedoch rufen „Wir kommen zu euch herunter", wird dies das Zeichen sein, dass Gott ihre Gebete nicht erhört hatte. Als sie sich bemerkbar machten, riefen die Philister: „Sieh an, Hebräer kommen aus den Löchern hervor, in denen sie sich versteckt haben … Kommt zu uns herauf, so wollen wir es euch schon lehren!" (1. Sam 14, 11-12). Daraufhin antwortete Jonathan: „Der Allmächtige hat uns gehört!" Auf Händen und Füßen kletterten die beiden den steilen Felsen hinauf. Sie zogen ihre Schwerter und in dem darauf folgendem Kampf wurden etwa dreißig Mann der Feinde getötet.

Im Hauptlager der Philister war inzwischen Verwirrung ausgebrochen. Während sich dort die verschiedenen Kampfeinheiten gegenseitig blutig bekriegten, wurde das Lager abgebrochen. Es war an diesem Punkt, wo

Die Michmas Furt im 1. Weltkrieg

Viele Jahrhunderte später, im 1. Weltkrieg, diente dieser mutige Akt Jonathans als Ansporn in einer höchst kritischen Situation genau an dieser Stelle an der Michmas Furt. Die britischen Streitkräfte unter Gen. Allenby wurden wegen der schwierigen Topografie auf der einen Seite dieses gefährlichen Durchgangs aufgehalten. Genau wie einst die Philister waren die Türken fest verschanzt in Michmas. In der Nacht vor der britischen Offensive (Februar 1918) öffnete der befehlshabende Offizier in seinem Zelt seine Bibel und las bei Kerzenschein den Abschnitt, der Jonathans Heldentat bei Michmas beschreibt. Dies gab ihm die Idee! Mit einer kleinen Streitmacht drang er durch die Michmas Furte vor und überraschte die Türken. Deren Streitmacht wurde geschlagen, sodass sie sich bis jenseits von Jericho und des Jordans zurückzogen. Es war sicherlich nicht ohne symbolische Bedeutung, dass der britische Angriff von einem in England und Eretz Israel rekrutierten jüdischen Bataillon geführt wurde.

König Saul mit seiner kleinen Schar von Kriegsmännern in den Kampf eintrat. Die Philister waren voll im Rückzug und man jagte ihnen bis zur Küste nach. Dies war der erste Sieg über die Philister.

Die Bibel macht hier eine grundsätzliche Aussage über göttliche Intervention. Jonathan musste zunächst alles, was in ihm selbst an Glauben und Mut war aufbringen, und nur dann kam ihm die Hilfe von oben entgegen. Die Verwirrung im Heereslager der Philister brach erst dann aus, als Jonathan und sein Gehilfe die Waffen gegen eine aussichtslose Übermacht erhoben.

1. Sam 14, 4-6 gibt uns eine sehr detaillierte Beschreibung von der Geografie des Ortes und von Jonathans Heldenmut und Triumph. Der Außenposten zum Schutz des Hauptheerlagers der Philister wird namentlich „Senne" genannt, und der gegenüberliegende Hügel heißt „Bozez". Uns wird gesagt, welche strategische Bedeutung diese beiden „Felszacken" für das Lager in Michmas hatten, und wie diese auf beiden Seiten die dazwischenliegende Schlucht überragten. Eine solche detaillierte physische Beschreibung kann nur einem Zweck dienen: Sie soll sicherstellen, dass dieser Schauplatz niemals von späteren Generationen vergessen würde. Jede Generation wird die Geschichte von Jonathans Glauben und Mut weitererzählen. Vor allem aber will uns die Bibel das Wesen göttlicher Wunder lehren, die Gründe für Gottes Einschreiten und welche Rolle der Mensch dabei spielt.

Der nächste Zusammenstoß mit den Philistern ereignete sich im Tal von Elah, wo diese ihren Helden Goliath ins Feld schickten. Die Reaktion des jungen David in dieser höchsten Krisensituation ähnelt sehr der von Jonathan in Michmas. Darin kamen sich Jonathan und David sehr nahe im gegenseitigen Vertrauen und Freundschaftsverhältnis.

Die Philister – das große Rätsel für Israel

Ihre Rolle in der Festigung der israelitischen Nation

∧ Der Angriff der Philister auf die ägyptische Küste, der von Pharao Ramses III abgewehrt, aber dann umgelenkt wurde auf die Küstengebiete Kanaans (BAR, März-April 2003)

*B*evor man angefangen hatte, Städte der Philister wie Tel Ekron und Tel Gat auszugraben, wusste man sehr wenig über ihre Kultur und Lebensweise. Selbst ihre Schrift konnte nicht entziffert werden. Biblische Berichte aber sind voll von ihren aggressiven Überfällen auf Israel und ihrer militärischen Überlegenheit. Man könnte sagen, dass sie der Amboss waren, auf dem der Stahl Israels getestet wurde. Dennoch, ihr Wesen blieb ein Rätsel. Dies könnte vielleicht für Samson, der erste Moschia Retter, der Grund gewesen sein, ihre soziale Gemeinschaft auskundschaften zu wollen, um auf diese Weise die Quelle ihrer Kraft zu entdecken. Neue Erkenntnisse über die Philister anhand von Ausgrabungsergebnissen lassen erkennen, dass diese Invasoren von den ägäischen Inseln viel von ihren kanaanitischen Vorgängern und Nachbarn übernommen hatten. Zum Beispiel erlernten die Philister von den Kanaanitern die Herstellung von Olivenöl und Wein, aber ebenso die Form der Anbetung und ihren Baustil. Dennoch blieben sie eine deutlich abgesonderte und eigenständige Volksgruppe. Die Philister sahen sich als die Oberherren des Landes und Wächter seiner heiligen Stätten. Dennoch stellten sie keine Kulturbedrohung für die Israeliten dar, im Gegensatz zu den Kanaanitern. Die Thora warnte sie beständig vor der verkommenen Lebensweise der Kanaaniter und forderte sie auf, deren götzendienerische Kultstätten zu zerstören. Es gab keine solchen Anweisungen hinsichtlich der Philister. Wir werden noch sehen, dass die Philister nicht nur sittenstrenger und gemäßigter waren als die Kanaaniter, sondern auch einige Ideen des Monotheismus aus der Frühzeit des Glaubens an El Elyon übernommen hatten, bevor sich der Götzenkult der Kanaaniter im Lande durchsetzte.

Die Patriarchen Abraham und Isaak konnten unter den Philistern leben, weil ihre Lebensweise weit von der Unmoral der Kanaaniter entfernt war. Man schloss sogar verbindliche Verträge mit ihnen ab. Abimelech, der König von Gerar, ging auf eine von Gott gegebene Vision ein und gebrauchte dabei einen ähnlichen Ausdruck wie Abraham, als dieser versucht hatte, Sodom vor dem Zorn Gottes zu retten. Abimelech sagte: „Herr, willst du denn eine gerechte Nation erschlagen?" (1. Mo 20,4). Schon allein sein Titel, Abimelech, der übersetzt so viel wie höchster König bedeutet, kommt aus der Sprache des frühen Gottesglaubens. Es ist ein ähnlicher Titel wie der von Melchisedek, Priesterkönig von Salem. Dass sich die Philister als die rechtmäßigen Eigentümer des Landes sahen, geht deutlich hervor aus der Auseinandersetzung über die Brunnen, die von Abraham und Isaak gegraben worden waren. Die Philister verstopften diese Brunnen und

▲   Philister Krieger im Kampfgetümmel (BAR, März-April)

drückten damit ihr Recht auf das Land aus, während sie dieses den Patriarchen vorenthielten. Gleichzeitig stellten sie den Anspruch der Patriarchen in Abrede, die einzig legitimen Repräsentanten von El Elyon zu sein. Die fast identische Auseinandersetzung zwischen dem König von Gerar und Isaak zu einem späteren Zeitpunkt weist auf das grundlegende Problem hin.

Um diesem Anspruch der Philister zu entgehen, wanderten die Patriarchen viele Jahre im westlichen Negev umher. Sie bestanden darauf, Brunnen zu graben und Felder zu bepflanzen. Die Philister ihrerseits erzwangen sich Verträge von ihnen unter Berufung auf den Gott Israels (1. Mo 21,23). Ihr Ziel war es, Israels Souveränität über das Land zu verzögern und sie letztlich daran zu hindern, ihrem Erfolg die Krone aufzusetzen, indem sie die Jebusiter Festung von Jerusalem einnehmen würden. Um dies zu verhindern, verwickelten sie Israel in viele militärische Auseinandersetzungen.

Der Anspruch der Philister auf die Oberherrschaft über Kanaan kommt in ihrer verdeckten Rolle bei den Verhandlungen mit Abraham über den Kauf der Höhle Machpela zum Vorschein (1. Mo 23, 15-20). Ihm wurde das Privileg für Sarahs Begräbnis in dieser heiligen Höhle nur unter der einen Bedingung gewährt, dass er und seine Nachkommen ihrerseits ihren Anspruch auf Jerusalem[68] aufgäben. Auf der Oberfläche schließt Abraham diesen Vertrag mit dem Hethiter Efron, doch ist dieser nur der Unterhändler für die Philister Oberherren, die mit wachsamen Augen den Verhandlungsverlauf beobachteten. So jedenfalls wird es von dem autoritativen Midrasch (Pirke de'Rabbi Eliezer, Kapitel 35) verstanden. Rabbi Eliezer erklärte, dass es Abraham in Wirklichkeit mit den Jebusitern zu tun hatte, die ihrerseits den Philistern dienstbar waren, und es diese Oberherren waren, die auf diesen Bedingungen bestanden. Durch sie sah sich Abraham gezwungen, auf sein Anrecht auf das El Elyon geweihte Jerusalem zu verzichten. Sie wussten nur zu gut, warum Abraham die Machpela Höhle haben wollte. Sicherlich wollten sie Sarah ihren Eintritt ins Jenseits nicht versagen, aber sie wehrten indes jedem Anspruch auf das uralte Heiligtum von „Salem". Somit stellten die Jebusiter diesen Vertrag mit den Patriarchen mithilfe von

---

68 Dieser Anspruch stützt sich auf die Landverheißung Gottes selbst. Dies wurde auch so von den Bewohnern des Landes verstanden.

bronzenen Bildern (2. Sam 5,6f) zur Schau. In einer gewissen magischen Weise wiesen diese Bildnisse auf Isaak und Jakob hin, um so ihrem Anspruch größere Rechtsgültigkeit zu geben. (Siehe in diesen Zusammenhang Davids Reaktion auf die Verzögerung, die ihm dadurch bei der Eroberung des alten Heiligtums auferlegt wurde.)

Tatsächlich hatte sich die Eroberung Jerusalems durch Josua und die Stämme um 400 Jahre verzögert (Jos 16,63). Doch Davids erstes Unternehmen nach seiner Thronerhebung über alle Stämme war die Eroberung der Jebusiter-Festung. In diesem Zusammenhang stoßen wir auf eine schwierige Stelle in der Schrift, in der von den „Lahmen und Blinden" (2. Sam 5,8) die Rede ist, eine Anspielung auf Isaak und Jakob. Diese Stelle können wir nur verstehen, wenn wir sie im Kontext des Kampfes sehen, der zwischen den Israeliten und den Philistern und Jebusitern stattfand. Als David versuchte, die heilige Stadt einzunehmen, wurde er von den sich verteidigenden Jebusitern verhöhnt mit dem

Die intensive Olivenöl Herstellung mit großflächigen industriellen Anlagen in Ekron ist dokumentiert. Dieses ist das Becken einer Ölpresse.
(mit freundlicher Erlaubnis von BAR)

Hinweis auf den uralten Vertrag mit den Patriarchen und zugleich vor Vertragsbruch gewarnt. Doch David wehrte sich heftig gegen eine solche Behauptung in der Überzeugung, dass die Urväter der Nation damals nicht aus freien Stücken gehandelt hatten. Er sagte, dass „darum die von David gehassten Lahmen und Blinden nicht zum Heiligtum zugelassen würden" [69].

---

69 Für den Allmächtigen ist es undenkbar, die im Bund mit den Patriarchen enthaltene Landverheißung anzutasten.

KDS - kodesh

LSRT - to Asherat

∧ Die von den Philistern in kanaani-
tischer Schrift geschriebene
Widmung anlässlich der
Einweihung ihres Tempels in
Ekron gleicht althebräischen
Schriftzügen. (mit freundlicher
Genehmigung von BAR)

Bei den von David Gehassten handelt es sich um diejenigen, die sie zu diesem Vertrag gezwungen hatten.[70] Von den Philistern unterstützt, bestanden die Jebusiter auf den unantastbaren Charakter Jerusalems. Doch David lehnte ihren Anspruch auf das Heiligtum mitsamt ihrem Anteil daran ab. Er wusste nur zu gut, was für die Philister auf dem Spiel stand, nämlich ihr Machtanspruch auf das Land.

Die frühe Eroberungswelle der Philister fiel in die Zeit der Patriarchen. Sie machten „Gerar" (das heutige Tel G'amah in der Nähe des Kibbutzes Re'im) zu ihrem Mittelpunkt. Sie wohnten dort im Gebiet der frühen „Avim" (Awiter), einer kanaanitischen Untergruppe, die in „Chatzerim", d.h. in offenen Siedlungen lebte (5. Mo 2,23). Die Bibel nennt die Philister „Pelischtim", eine Wortableitung von „Polischim", Eindringlinge. Ihr Zusammenstoß und Kontakt mit den kanaanitischen Festungsstädten führte auch zur gegenseitigen kulturellen Beeinflussung. Die Philister kamen auch in Kontakt mit den bestehenden monotheistischen Zentren, unter denen Salem als das wichtigste galt. Im Laufe der Zeit, mit der wachsenden Machtstellung

---

70 Die Anspielung auf die „Blinden und Lahmen" ist tatsächlich ein Hinweis auf die Patriarchen, auch wenn diese nur als Metapher gedacht war.

der Philister, sahen sie sich als Wächter dieser Zentren. Abimelech, König von Gerar, hatte viel gemeinsam mit den Patriarchen. Doch sah er sie mit ihrem Anspruch auf das Land als seine Rivalen.

Die späten Philister gehörten zu den „Seevölkern", die die gesamte Ostküste mit ihren Angriffen unsicher machten. Dem Pharao, Ramses III, gelang es am Anfang des 12. Jahrhunderts v. d. Z., sie von der ägyptischen Küste zu vertreiben. Daraufhin fielen die kriegerischen Philister in das südliche Küstengebiet Kanaans ein, und zwar genau zu dem Zeitpunkt, als die hebräischen Stämme das östliche Bergland besiedelten und eine innovative Bergland Agrikultur einführten. Die Philister gründeten ihre „Pentapolis" von fünf blühenden Stadtzentren, wobei sie viele der bereits existierenden kanaanitischen Stadtstaaten dabei zerstörten, besonders entlang der Küste. Gleichzeitig aber assimilierten sie Aspekte von deren Kultur. Die Philister, und auch noch andere Seevölker, die sich in den nördlichen Küstengebieten ansiedelten, schwächten damit ägyptischen Einfluss in Kanaan, der in dieser Region aufgrund der ägyptischen Vormachtstellung erheblich gewesen war. Alle diese Faktoren erleichterten den Besiedlungsprozess der hebräischen Stämme. Als die von Mose ausgesandten Kundschafter von mächtigen Festungsstädten berichteten, was das Herz der Israeliten zum Zittern brachte (4. Mo 13,28), hatten sie vielleicht auch von den eisernen Streitwagen der Kanaaniter gesprochen, denen sie begegnet waren. Kriegerische Philister hatten diese besiegt. Im Buch Josua und der Richter lesen wir, dass die Israeliten keine Chance in den Ebenen hatten, obwohl sie im Bergland siegreich waren. Dort in diesen Ebenen kämpften die Kanaaniter mit eisernen Streitwagen (Ri. 1,19), doch die Philister waren ihnen dort durchaus gewachsen und vernichteten sie. Indes begannen die aggressiven Philister mit der Zeit, die Hebräer zu bedrängen. Die landwirtschaftlichen Hebräer waren in keiner Weise der militärischen Übermacht der Philister gewachsen und dies wird in dem Bericht über die Schlacht von Michmas so beschrieben: „Und es war kein Schmied im ganzen Land Israel zu finden… Und es geschah am Tag des Kampfes, dass weder Schwert noch Speer in der Hand des ganzen Volkes gefunden wurde … nur bei Saul und seinem Sohn Jonathan fanden sie sich vor" (1. Sam 13:19,22). Die Philister übten über große Teile des Landes eine solche Macht aus, dass sie ihr Monopol auf Eisen durchsetzen, und diejenigen, die das Land bebauten, von sich abhängig machen konnten.

Die beiden Nationen standen sich beinahe 600 Jahre feindlich gegenüber, von der Zeit der Richter bis zur Zerstörung des Ersten Tempels (587v.d.Z.). Beide Nationen wurden von den neuen babylonischen Machthabern vernichtet. Während die Israeliten immer wieder dem kanaanitischen Götzendienst verfielen, gab es keine solche kulturelle Bedrohung von Seiten der Philister. Dieses kann anhand einiger Ereignisse aufgezeigt werden. Als während der Schlacht von „Eben Ha'Ezer" die Heilige Bundeslade vom Heiligtum in Schilo zum Kampffeld gebracht wurde, zitterten die Philister und riefen aus: „Wehe uns! Wer wird uns aus der Hand dieses mächtigen Gottes erretten? Das ist der Gott, der die Ägypter mit allerlei Plagen in der Wüste schlug" (1. Sam 4,8-9). Nachdem sie die Bundeslade erbeutet hatten, unterzogen sie sie einer göttlichen Prüfung.[71] Ihre Priester erkannten jedoch die Niederlage ihrer Götter und machten einen letzten Test, bei dem sie die mütterlichen Instinkte von Kühen, die gerade gekalbt hatten, mit einbezogen. S. 135 Sollten diese ihre neugeborenen Kälber vergessen zugunsten der Bundeslade, die man auf einen Wagen gestellt hatte und von ihnen ziehen ließ in Richtung Bet Schemesch, auf der israelitischen Seite, dann wäre dies der endgültige Beweis für die Hoheit des Gottes Israels (1. Sam 1,6-13). Da die gesamte Führerschaft der Philister die Bundeslade begleitete, wurde sie

---

[71] Sie stellten die Heilige Bundeslade neben ihre Götzen, so als ob sie im Wettkampf miteinander lägen. Ohne Ausnahme fielen die Götzen von ihrem Sockel und die Bewohner wurden mit Plagen gepeinigt.

damit auch Zeuge des Wunders, wofür sich Gott der Kühe bedient hatte. Ein anderer Beweis dafür, dass die Philister die Souveränität des Gottes Israels anerkannten, ist uns in der Beziehung zwischen Achisch, König von Gath, und David gegeben, als dieser an seinem Hof Zuflucht vor dem Zorn König Sauls fand und dies, obgleich Goliath aus demselben Ort stammte (1. Sam 29,10). Als David aber Jahre später die Jebusiter-Festung von Jerusalem eroberte, stellte dies in den Augen der Philister eine Zuwiderhandlung gegen den alten Bund dar, den man mit den Patriarchen geschlossen hatte. Folglich marschierten sie mit

Eiserner Dolch aus Ekron, der ein hohes Maß an Kunstfertigkeit aufweist. (mit freundlicher Genehmigung von BAR)

ihrer ganzen Streitmacht gegen Jerusalem. In den zwei darauffolgenden Schlachten im Tal Refaim gelang es David schließlich, die Philister endgültig zu besiegen (2. Sam 5,17-23).

Die Konfrontation zwischen David und Goliath könnte gleichnishaft für den größeren Konflikt zwischen Israel und den Philistern stehen. In beiden Kämpfen ging es um ein höheres Prinzip, nämlich um die Einzigartigkeit des Gottes Israels und Seines Volkes.

David und Goliath im Elah-Tal

Der zukünftige König Israels im Blickpunkt

∧ Das kreisförmige Tal von Elah,
mit seiner „Gai", Talverengung
(Schlucht) und der Kriegsschauplatz von David und Goliath
gegenüber von Socho

*D*ie große Bedeutung dieses heldenhaften Zusammenstoßes zwischen David und Goliath liegt darin, dass wir hier zum ersten Mal dem zukünftigen, von Gott ernannten Führer Seiner Nation begegnen. Er wird als admoni beschrieben, als rothaarig und schön von Aussehen. Mit diesen beiden Eigenschaften wird er uns als ein furchtloser Kämpfer im Dienste Gottes vorgestellt.

▲ Tell Aseka. Zwischen Aseka und Socho befand sich das Heerlager der Philister.

Der junge David wurde von Bethlehem ins Elah Tal geschickt, um seinen Brüdern, die sich an der Kriegsfront mit König Saul befanden, mit Proviant zu versorgen. Dabei wurde er Zeuge von der Furcht und sogar dem Rückzug der Männer Israels vor Goliath, dem Vorkämpfer der Philister, der sie mit seinem Spott verunglimpfte. David aber rief aus: „Wer ist denn dieser unbeschnittene Philister, der die Schlachtreihen des lebendigen Gottes verhöhnt?" Dann wandte er sich an König Saul und sagte: „Niemand lasse seinetwegen den Mut sinken! Dein Knecht wird hingehen und mit diesem Philister kämpfen (1. Sam 17, 32). Der König lenkte ein: „Du bist ein junger Mann, er aber ist ein Kriegsmann von seiner Jugend auf (1. Sam 17, 33). Doch David entgegnete: „Der Herr, der mich aus den Klauen des Löwen

▲ Das kreisförmige Elah-Tal

und … Bären errettet hat, der wird mich aus der Hand dieses Philisters erretten." David lehnte Saul Angebot ab, ihm seine Rüstung und sein Schwert zu überlassen. Stattdessen wählte er fünf glatte Steine aus dem Elah Bach für seine Schleuder und ging dem Philister entgegen.

Goliath sah den rothaarigen und schönen jungen Mann auf sich zukommen und höhnte: „Bin ich denn ein Hund, dass du mit einem Stock und Steinen zu mir kommst?" David, völlig ungerührt von dem schwer bewaffneten Riesen, rief ihm zu: „Ich komme zu dir im Namen des Herrn der

Heerscharen. Heute noch wird der Herr dich in meine Hand ausliefern, so dass die ganze Welt erkennen wird, dass der Gott Israels in seiner Mitte wohnt. Und möge die ganze Versammlung Israel erfahren, dass dem Herrn der Kampf gehört, und er dich in meine Hände geben wird." Als Goliath näher kam, rannte David seinem Feind entgegen und schleuderte dabei einen Stein, der den Philister unter dem Visier an seiner Stirne traf und dort eindrang. So wie er hinfiel, erschlug David ihn mit dessen eigenem Schwert (1. Sam 17,51).

⌃ Tell Socho, Ort des israelitischen Lagers

In diesen mit großem Detail beschriebenen Ereignissen begegnen wir zum ersten Mal David, dessen Bestimmung es war, zum Erbauer der Nation und zum lieblichen Sänger Israels zu werden, und der einst Jerusalem und Zion zu geistlicher Höhe und Vollendung erheben würde. Ebenso aber war er ein unerschrockener Kämpfer, wenn es um die Ehre des Gottesvolkes ging.

Zwei Festungen bestimmten das Kampffeld: „Tel Socho", die israelitische Festung am westlichen Ende des Elah-Tales, und die bereits von den Philistern beherrschte Anhöhe von „Tel Aseka". Ihre gesamten Streitkräfte ballten sich gegenüber von Socho zusammen, und König Sauls Männer sammelten sich im Elah-Tal. Eine derart detaillierte geografische Beschreibung ihrer Positionen macht uns die israelitische Schlachtreihe nach dem Abzug der Truppen aus dem Tal hinauf zur Anhöhe von Socho gut vorstellbar. Deutlicher könnte es die Beschreibung von der Truppenkonstellation in 1. Sam 17,3 nicht machen: „Und die Philister standen an einem Berg jenseits, und Israel stand an einem Berg diesseits, sodass nur das „Gai" zwischen ihnen war." Das „Gai" ist eine tiefe, langgestreckte Talenge, dem Bachlauf des Elah folgend, während das Elah-Tal selbst eine große, beckenförmige Ebene ist.

Emek Refaim, der Kriegsschauplatz, wo König David den Philistern die entscheidende und letzte Niederlage beibrachte

Diese deutlich erkennbaren Geländemarkierungen geben uns eine äußerst präzise Auskunft darüber, von wo aus Goliath seinen psychologischen Terrorkrieg führte, während er sich vor der Festung Socho furchteinflößend aufbaute. Ebenso könnten wir den jungen David hinunter zum Elah-Bach begleiten und ihm beim Einsammeln glatter Kieselsteine zuschauen. Auf diese Weise können alle späteren Generationen Davids geistliche Eigenschaften in sich aufnehmen und den Aufstieg dieses zukünftigen Messias-König nachvollziehen. David wehrte sich entschieden gegen die Hillul HaShem, die Entweihung des Namens Gottes, deren sich die Männer Israels mit ihrer Angst vor dem Feind schuldig gemacht hatten. Er sah sich selbst als den Vertreter des Gottes Israels und der Ehre Seines Volkes. Seine Furchtlosigkeit machte aus der drohenden Niederlage einen glänzenden Sieg.

König Saul
und David

König Messias
im Werden

∧ Juda und Tamar in
 Adullam

*D*er junge David begegnete dem König in der Zeit einer explosiven nationalen Krise. Israel stand im Elah-Tal einer Übermacht von Philistern und ihrem Herausforderer gegenüber. David sah sich in diesem Augenblick als derjenige, der die Ehre des Gottesvolkes verteidigte. Für ihn bedeutete das angstvolle Zurückweichen der Israeliten vor dem höhnischen Gespött Goliaths eine Entehrung Gottes, aber ebenso das füh-

Tel Gath. David fand hier Zuflucht bei Achisch, König von Gath.

rungsloses Verhalten, das der mutlose König Saul durch seine Tatenlosigkeit an den Tag legte. David sagte auch in diesem Sinne zu Saul: „Niemand lasse seinetwegen den Mut sinken! Dein Knecht will hingehen und mit dem Philister kämpfen" (1. Sam 17,32).

Die Worte Davids und die Art und Weise, wie sein ältester Bruder ihn sah, klaffen weit auseinander. Eliav sah in David immer noch den jungen Schafhirten, der nichts an der Kriegsfront zu suchen hatte. Der König sah dies genauso, denn er sagte zu David: „Du bist nur ein junger Mann, er aber ist ein Kriegsmann." Selbst Goliath empfand es als Beleidigung, von einem Jugendlichen herausgefordert zu werden, der beschrieben wird als rothaarig und gut aussehend. Doch David gab der tieferen Bedeutung dieser Konfrontation Ausdruck, als er erklärte: „Und die ganze Erde soll erkennen, dass Israel einen Gott hat…Und diese ganze Versammlung soll erkennen, dass … des Herrn ist der Kampf, und Er wird euch in unsere

Hand geben!" (1. Sam 17,45-46). Der junge David spricht hier im Augenblick dieses lebensbedrohenden Zusammenstoßes als einer, der den Gott der Heerscharen vertritt und den wahren Geist Israels in sich hat.

Im großen Gegensatz zum erhabenen Geist des David steht die dunkle Stimmung, von der Saul ergriffen worden war. Erfüllt von Neid über den Sieg Davids über Goliath, versuchte er bald, David zu töten. Zweimal erhob er seinen Speer, um David damit zu treffen. Saul hatte Angst vor David, weil

▲ Tell Zif, der Ort, wo David verraten wurde

der Herr mit ihm, aber von ihm selbst gewichen war. Ganz Israel und Juda liebte David, nachdem Saul ihn zum Führer seines Heeres gemacht hatte und er in allen seinen Unternehmungen erfolgreich war. Saul beabsichtigte, David durch die Philister töten zu lassen, denn, so sagte er sich, meine Hand soll es nicht tun. Doch als seine dunkle Gemütsverfassung und seine Furcht sich vertieften, machte er selbst den Versuch, ihn zu töten. Er hatte

✱ Die Höhle in Adullam, wo David Zuflucht fand

seine Tochter Michal David zur Frau gegeben, doch später sandte er seine Männer aus, um David zu ergreifen und zu töten. Doch mit Michals Hilfe konnte er entfliehen.

In der schlimmsten Krisenzeit musste sich selbst Jonathan – der Sohn des Königs und Davids Seelenfreund – davon überzeugen lassen, dass der Bruch mit Saul endgültig war. Er war es dann auch am Ende, der David den Rat gab, zu fliehen. Mit dem Mord an den Priestern von Nob erreichte Sauls Phobia schließlich ihren Höhepunkt, als diese David auf seiner Flucht halfen (1. Sam 22, 17-19).[72]

Von nun an war David ein Flüchtling und Ausgestoßener. Vorübergehend fand er Unterschlupf bei Achisch, dem Philisterkönig von Gath. Sobald er in dessen Händen war, musste er vorgeben, seinen Verstand verloren zu haben und wurde daraufhin vom König weggeschickt. Sein nächstes Versteck war

---

72 Der Talmud Sanhedrin, 95, spricht David dafür schuldig, dass er sich an die Priester von Nob gewandt hatte, denn er hätte wissen müssen, dass er sie damit gefährden würde.

Das Leiden des Messias in den Psalmen

Am Anfang muss der Messias leiden. Mit seinem Leiden sühnt er für das Volk Israel, und daran wird man ihn erkennen können (Siehe Talmud Sanhedrin 96.) Zu der Zeit, in der David von König Saul verfolgt wurde, war er bereits vom Propheten Samuel gesalbt worden. Er durchlebte das Leiden des Messias als eine notwendige Vorbereitung für die Last, die er für die erlösungsbedürftige Nation zu tragen hatte. Ihm wurde auch der Kampf um Zion auferlegt mit Blick auf das höchste Ziel, nämlich die Anbetung der ganzen Menschheit auf Zion und ihre Anerkennung des Gottes Israels als die höchste Autorität. Diese beiden Leitgedanken – die Hinwendung aller Nationen zu Zion und sein Leiden – werden im Buch der Psalmen hinreichend thematisiert.

David wurde verfolgt und verraten von denen, die ihm am nächsten standen. Dennoch verfolgte er trotz aller Prüfungen und trotz seines Herzeleides das eine Ziel, der göttlichen Gegenwart auf Zion einen Wohnort zu schaffen: „ Ich gleiche der Eule der Wüste, ... Den ganzen Tag höhnen mich meine Feinde… Denn Asche esse ich wie Brot, meinen Trank vermische ich mit Tränen ... Du wirst aufstehen, wirst dich Zions erbarmen… Denn deine Knechte haben Gefallen an seinen Steinen, sie haben Mitleid mit seinem Schutt. Die Nationen werden den Namen des Herrn fürchten, alle Könige der Erde deine Herrlichkeit. Denn der Herr wird Zion aufbauen, er wird erscheinen in seiner Herrlichkeit.
(Psalm 102, 7-17).

die Höhle in Adullam. Dort konnte er eine loyale Gefolgschaft um sich sammeln, die alle, wie er, von der Gesellschaft ausgestoßen waren. In einer sehr symbolischen Weise stieg er nun von diesem Neuanfang in Adullam zur Rolle des Führers auf. Dies war der Ort, wo sein Vorfahr Yehuda in der Affäre mit Tamar seine Größe unter Beweis stellte. Yehuda gab zu, dass Tamar ihm

David im Exil

Auf seiner Flucht vor Saul fand David vorübergehend Zuflucht bei Achisch, dem Philisterkönig von Gath, der ihn und seine Männer in seinen Dienst in Ziklag nahm. Da sich David nun im Feindesland befand, hörte Saul auf, ihn zu verfolgen, doch sah sich David wie gefangen im Exil, entfernt von dem geheiligten Boden seines israelitischen Volkes. Er klagte: Verflucht seien meine Feinde, weil sie mich vertrieben haben und mich nicht am Erbteil des Herrn teilhaben lassen und mir sagen: „Geh hin, diene anderen Göttern!" (1. Sam 26,19). Ausgeschlossen zu sein vom israelitischen Boden war gleichbedeutend mit der Anbetung fremder Götter.

gegenüber im Recht war, da er ihr nicht seinen Sohn Schela gegeben hatte. (1. Mo 38, 26). Tamar ihrerseits war bereit zu sterben, um Yehuda nicht zu beschämen. An diesem Ort fand David seine innere Stärke. Am Beispiel von Yehuda und Tamar inspiriert, lernte er von deren seelischer Kraft, weder an Saul noch an denjenigen, die ihn verlassen hatten, Rache zu üben. Aus diesem Tiefpunkt der Verfolgung durch den König, aber auch der Bedrängnis, in die er geriet wegen der vielen bösen Zungen, die ihn beim König verraten wollten, schwang er sich empor und zeigte sich der Rolle des Retters gewachsen. Der Beweis der geistlichen Größe des zukünftigen König *Messias* wird uns gegeben in dem einzigartigen Opfer, das er in der Höhle Adullam brachte. In seiner Einsamkeit verlangte ihm nach dem klaren Wasser seiner Heimatstadt *Bet-Lechem* und er rief aus: „Wer gibt mir Wasser zu trinken aus der Zisterne von Bethlehem, die im Tor ist?" Drei der Helden, die sich um Davids Banner gesammelt hatten, brachten ihm tatsächlich das Wasser aus der von den Philistern besetzten Stadt. Doch David goss das Wasser aus, denn es war heilig.

Darum sagte David: „Fern sei es von mir vor dem Herrn, dass ich das tue! Ist es nicht das Blut der Männer, die um ihr Leben hingegangen sind?" (1. Sam 23, 16-17).

Ein Beispiel dafür, was Ächtung für David bedeutete, war der Zwischenfall in der Stadt Keila im südlichen Hügelland von Hebron. Die Philister hatten die Stadt überfallen und alles mitgenommen, was an Beute zu haben war. Daraufhin verfolgten David und seine 600 Männer die Philister und brachten alles zurück, was jene an Beute mitgenommen hatten. Doch ungeachtet dieser großen Befreiung verrieten die Bewohner von Keila David an Saul mit dem Hinweis, dass der König ihn und seine Bande in der Stadt gefangen nehmen könnte. Ähnlich handelten die Bewohner von Ziff und Ein Gedi. Hier, in Ein Gedi, stellte David seine messianische Zukunft unter Beweis, als er und seine Männer sich in einer Höhle versteckt hielten. Als Saul in diese Höhle hineinkam, um seine Notdurft zu verrichten, drängten Davids Männer ihn, den Feind zu liquidieren. Doch David wollte davon nichts wissen und sagte: „Fern sei es von mir, nach dem Gesalbten des Herrn meine Hand auszustrecken!"

Das höchste Maß seiner geistlichen Größe zeigte er indes bei der Nachricht von der militärischen Niederlage in der Schlacht von Gilboa, in der Saul und seine Söhne getötet wurden. David zerriss seine Kleider, klagte und weinte

> Eine andere Höhle in Adullam, die David als Zufluchtsort diente

über die Tragödie: „Ihr Töchter Israels, weint um Saul, der euch köstlich kleidete in Karmesin, der goldenen Schmuck an eure Kleider heftete!" (2. Sam 1, 24). In seiner Trauer um Saul erkannte David dessen Größe und Segen für die Nation an, während nicht ein einziges Wort von dem Leid, das Saul ihm zugefügt hatte, über seine Lippen kam. David bekannte sich uneingeschränkt zur Heiligkeit eines von Gott gesalbten Königs und damit zu seiner Unantastbarkeit.

Im Buch der Psalmen sind seine Leiden der Nachwelt überliefert. Dort klagt David über die Verfolgungen und Demütigungen: „Meine Kraft ist vertrocknet wie eine Scherbe …
Denn Hunde haben mich umgeben, eine Rotte von Übeltätern hat mich umzingelt. … Sie schauen und sehen auf mich herab. Sie teilen meine Kleider unter sich und über mein Gewand werfen sie das Los" (Ps 22, 16-19). David flehte zu Gott, ihn von seinen Bedrängern zu befreien und ihnen seine gerechte Sache darzutun, war er doch der Liebling im Hause Sauls gewesen, um dann als Bedrohung und Rivale angesehen zu werden. Für David war diese äußerst schwierige Zeit eine notwendige Leidensphase, in der seine geistlichen Qualitäten und seine Führungsgabe voll zur Reife kommen konnten. Während seiner ganzen Leidenszeit war er darum bemüht, Vorbereitungen für den Tempelbau zu treffen, um somit der göttlichen Gegenwart auf dem Berge Moria ein Haus zu schaffen. Er machte Jerusalem und Zion zum nationalen und religiösen Mittelpunkt der Nation. Bis zur endgültigen Erlösung wird sie die Stadt Davids genannt.

König David und die Jebusiter

Die Sache mit den Lahmen und den Blinden

∧ Die Jebusiter Mauer
in Jerusalem

*J*üngste Ausgrabungen in der Davidsstadt haben nicht nur die „Warren Schacht" Theorie widerlegt, sondern auch eine neue Erkenntnis darüber geliefert, welche Rolle König David bei der Wahl von Jerusalem gespielt hatte. Für mehr als 100 Jahre hielt man die Charles Warren Theorie von der Art und Weise, wie Davids Männer Zugang zur Jebusiter-Festung bekamen, für unumstößlich. Er war überzeugt, dass sie durch das Wassersystem einstiegen. Er hatte einen vertikalen Schacht entdeckt, der nach ihm benannt wurde (1876) und den Beweis dafür erbracht, dass man hindurch steigen und in die Stadt eindringen konnte. Auf diese Weise meinte Warren, eine plausible Erklärung für die rätselhafte Bibelstelle in 2. Sam 5,8 gefunden zu haben: „Wer die Jebusiter schlägt und es schafft, zum *tzinor* zu gelangen…" Warren war überzeugt, dass der Ausdruck „tzinor" auf ein geheimes Wassersystem hinwies und auf seinen Schacht. Es ist interessant, dass alle Standardübersetzungen der Bibel Warrens Theorie übernommen und die besagte Stelle mit „in den Wasserschacht gelangt" übersetzt haben. Doch hat die Entdeckung der mächtigen Türme, die über das Jebusiter Wassersystem wachten, einen klaren Beweis dafür geliefert, dass Davids Männer nicht an den „tzinor" (Wasserschacht) herangekommen sein konnten.[73] Später zeigte sich, dass der Warren Schacht nie zum Wasserschöpfen gebraucht worden war und es sich dabei nur um eine natürliche Verkarstung handelte, auf die man in der viel späteren Zeit von König Hiskia zufällig gestoßen war. David besiegte die Jebusiter nicht mit Geschicklichkeit und List, sondern mit äußerstem Mut und mit Hilfe göttlicher Führung. Wir werden noch sehen, dass der Unterschied nicht nur in seiner militärischen Strategie bestand, sondern dieser selbst ein Bestandteil der geistlichen Führungsrolle war, die König David zufiel.

---

73 Wie die uralten zyklopischen Türme, die das Wassersystem schützten, so zeugen auch die mächtigen Stadtmauern einer verhältnismäßig kleinen und politisch unbedeutenden Stadt von der geistlichen Bedeutung von „Salem" und dem kollektiven Willen vieler Nationen, sie zu schützen.

David und seine Feinde

Die allgegenwärtige Feindlichkeit David gegenüber ist das Thema vieler Psalmen. Es war nicht nur die Rivalität zwischen ihm und König Saul und später die Rebellion seines Sohnes Absalom, die in weiten Kreisen des Volkes Unterstützung fand. Auch Davids Ideologie wurde abgelehnt, wie dies am besten in der verbalen Beschimpfung Davids durch Schimi Ben Gerah (2. Sam 16,10) zu sehen ist. Als David, um sein Leben zu retten, fliehen musste, warf Schimi mit Steinen nach ihm und schrie hinter ihm her: „Geh weg und lass uns in Frieden, du Ish Hadamin, Blutmensch!" Schimi, ein führender Mann[1], beschuldigte David des Blutvergießens an Unschuldigen wegen seiner Kriege und Politik, wodurch er sich für Israel unnötige Feinde schaffte. Für Schimi waren Davids Taktiken gefährlich, da sie das religiöse Gleichgewicht, wie am Beispiel von Emek Schawe, gefährdeten. Israel würde nur dann in dieser Region anerkannt werden, wenn man nicht seine Exklusivität betonte.

Davids Bemühung, den Gott Israels auf Zion zu inthronisieren, war eine direkte Kampfansage an den Status quo religiöser Toleranz. Dies war auch der Grund dafür, dass sich selbst der weise Ahitofel auf die Seite Absaloms stellte. Er gab den Rat, den fliehenden David zu töten, um auf diese Weise Frieden zu stiften und das Volk zu einen (1. Sam 17,3ff).

Ein interessanter Midrasch unterstreicht die anti-davidische Ideologie religiöser Toleranz. So fragt er: Warum wurde dem Berg Sinai ein Name gegeben, der „Hass" wiederspiegelt, im Sinne des hebräischen Wortes sina'h, das so viel wie „Hass der Nationen" bedeutet? Die gleiche Frage kann man auch bezüglich des Berges Horeb stellen: warum gab man ihm diesen Namen? Horeb erinnert an hurban, d.h. Zerstörung (Talmud Shabbat 89:). Der Midrasch stellt die Überlegung an, dass die Lehre von der Ausschließlichkeit des Gottes Israels unweigerlich zum Kampf zwischen Israel und den Nationen aufruft.

---

1 von der Sippe des Hauses Sauls

Was ist nun die wahre Bedeutung von *tzinor*? Es ist nicht einfach nur ein Schacht oder ein Wassertunnel, wie es Warren meinte. Im gleichen Zusammenhang hören wir von den Lahmen und Blinden (2. Sam 5,8). David verweist hier offensichtlich auf zwei Haupthindernisse. Der *tzinor* ist eine physische Barriere. Damit spricht David eindeutig von den zwei unbezwingbaren Türmen, die er als „*tzinor*" bezeichnete – was von *tzina* abgeleitet ist, nämlich „Schild". Andere abgeleitete Formen vermitteln die Bedeutung von hohen, unbezwingbaren Mauern.

Die andere Barriere ist metaphysisch, als David von den Lahmen und Blinden sprach. Vor dem Angriff Davids riefen ihm die Jebusiter zu: „Du darfst hier nicht hinkommen", wobei sie den Vertrag mit den Blinden und Lahmen zitierten. Alle Kommentatoren sind sich darüber einig, dass es sich hier um einen Verweis auf die Patriarchen handelte, die Jerusalem als ihr Erbe erst einmal zurückstellten und ihre Zustimmung dazu gaben, die uralte Heiligkeit der Stadt nicht mit einer anderen zu verdrängen. Isaak ist der Blinde und Jakob der Lahme. Abraham musste auf Jerusalem verzichten als Preis dafür, dass er die Höhle von Machpela in Hebron erwerben konnte und darum mit den Jebusitern handeln musste (Pirke de'Rabbi Eliezer 35)[74]. Jedoch David stimmte dem nicht zu und erklärte, dass derartige Verträge, die mit den Philister Oberherren gemacht wurden, inakzeptabel im Sinne des Allmächtigen waren. David entschloss sich darum, diese mächtigen Türme und die Zitadelle zu stürmen, die er dann umbenannte in „Davidsstadt". Das neue nationale Zentrum wurde geheiligt, indem man die Heilige Bundeslade in die David-Zion-Stadt brachte und vom Jebusiterkönig den Berg Moriah für das nationale Heiligtum erwarb.

---

[74] Nach dem Midrasch ist Efron der Hethiter nur ein Frontmann für die Jebusiter und die Philister, die wiederum deren Oberherren waren.

Dies bedeutete die Verdrängung des früheren geistlichen Zentrums von Jerusalem, das zurückreichte bis in die Zeit Melchisedeks, des Priesterkönigs von Salem. Über diese frühe Heiligkeit aber hatte allgemeine Übereinstimmung unter den umliegenden Nationen geherrscht. Dass David nun hier den Gott Israels als den alleinigen Gott inthronisierte und Ihm damit den Platz des uralten geistlichen Zentrums zuwies, schien den Konflikt mit den Nachbarn vorzuprogrammieren. Dies war auch der Grund für die Feindschaft, die den Aufstand Absaloms auslöste, wobei sich selbst der weise Ahitofel von David distanzierte. David wurde als der Kriegsmann hingestellt, der Frieden in dieser Region unmöglich machte.

Wurde der Warren Schacht je zum Wasserschöpfen benutzt?

König Hiskias Bauingenieure entdeckten zufällig diese naturgegebene Verkarstung im Gestein in Form eines Schachtes. In Notzeiten hätte man möglicherweise hierdurch an Wasser gelangen können, aber mit Schwierigkeit, weil die Wände des Schachtes sehr unregelmäßig sind. Doch führt ein kurzer Tunnel zum Boden dieses Schachtes. Es steht jedoch fest, dass dieser keine Rolle in der Eroberung der Stadt durch Davids Männer gespielt haben konnte.

Dies zeigt sich auch wieder deutlich in der letzten Episode von Davids Leben. Adonija, wie sein Bruder Absalom, ließ sich zum König ausrufen (1. Kö 1,11). Auf Batschevas Bitten hin reagierte David sofort, indem er den Befehl erteilte, Salomon feierlich an der Gihonquelle in das Amt des Königs einzusetzen. Dieser Ort war nicht nur der Schauplatz seines eigenen Sieges über die Jebusiter, sondern auch der Übernahme seiner messianischen Rolle als König von Israel. Betont wird in diesem Zusammenhang, dass die Krönung stattfand „al haGishon", über der Gihonquelle. Eine solche Betonung wäre völlig unverständlich geblieben ohne die Entdeckung der Riesentürme, die die Quelle schützten. Ursprünglich hatte man geglaubt, dass dieser Ausdruck sich auf den Segen der *Gihon* Quelle bezog. Heute aber, mit den jüngsten Entdeckungen, weiß man ihn richtig zu deuten. Salomon wurde hier nicht hingebracht, um den Segen des Wassers zu empfangen, sondern um ihn an den unüberwindlichen Türmen zum König auszurufen. Dieser symbolische Akt sollte öffentlich bekunden, dass, wie einst Davids Triumph abhängig war von der Hilfe des Allmächtigen, er auch abhängig sein würde in Salomons Leben. Seine Thronbesteigung war von Gott gesegnet.

Das Geheimnis von Rahels Begräbnisort

Ein Schlüssel zu der Erlösung

∧ Das traditionelle Grab von
Mutter Rahel

*D*ie Tragödie und das Leben unserer Mutter Rahel (*Rachel Immenu*) sind ein Bild für das Leiden und die Schwierigkeiten, welche die Erlösung Israels mit sich bringen. Der vielschichtige Prozess der Ruhefindung in der Heimat spiegelt sich notwendigerweise im Geheimnis ihres Ruheortes wieder. Solange ihre Kinder nicht im Frieden leben, gibt es auch keinen Frieden für Mutter Rahel. Sie muss nahe ihren im Exil lebenden Kindern sein. Auf dieser Prämisse haben sich von frühester Zeit an die Dualität und das Geheimnis ihres Ruheortes verstanden, wie dieses im Folgenden gezeigt werden soll.

Kever Rachel, das Grab Rahels, hat sich von allen anderen wichtigen jüdischen Heiligtümern darin unterschieden, dass es immer für jüdische Beter zugänglich war. Als Besitzer der kostbaren Schlüssel zum Heiligen Grab waren sie sogar seine Wächter. Tatsächlich begleitete die Sehnsucht nach Rahels Grab und dessen Verehrung die moderne Heimkehr des jüdischen Volkes. Bis zum heutigen Tag hängt das traditionelle Bild von Rahels Grab in vielen jüdischen Wohnungen, was ein sehr treffender Hinweis darauf ist, wie sehr sich Juden mit der Matriarchin verbunden fühlen.

Schon in sehr frühen Zeiten gingen Juden aus allen arabischen Ländern, und natürlich auch die einheimischen Juden in Israel selbst, auf eine „Ziara", Pilgerreise, zu den heiligen Stätten, insbesondere im Monat *Elul* und am *Yud-Alef-Cheswan*, dem 11. Tag des hebräischen Monats Cheswan, auf den die *Yahrzeit* von *Rachel Immenu*, d.h. Rahels Todestag, fällt. Ganze Familien gingen dabei um das uralte, gekuppelte Grab herum kampieren, um dann bei dieser Gelegenheit mit Musikinstrumenten und in Festtagsstimmung diesen Tag zu begehen. Die gelehrten Männer rezitierten Psalmen oder studierten den *Zohar*[75]. Mit besonderer Inbrunst wurde das mitternächt-

---

75 Ein Lehrbuch für Mystik (A.d.Ü.)

liche Gebet „Tikun Rachel" rezitiert, ein Klagelied über die Zerstörung des Heiligen Tempels. Auf diese Weise wurde die Erinnerung an Mutter Rahel und die Liebe zu ihr bewahrt und zum Inbegriff für die Sehnsucht nach Zion und der Rückkehr zum Heiligen Land. In wunderbarer Weise wird damit die göttliche Verheißung an Rahel erfüllt und eingelöst: „ … und deine Kinder werden in ihr Gebiet zurückkehren" (Jer 31,17).

Schon in biblischen Zeiten war die Stätte von *Kever Rachel* bekannt. Wir wissen dies von der Beschreibung durch den Propheten Samuel. Nachdem er Saul gesalbt hatte, gab er diesem die Anweisung, auf seinem Heimweg nach Gi'vat Binjamin zum *Kevurat Rachel*[76] zu gehen. Dort, an diesem heiligen Ort, würde Saul zwei Botschaftern begegnen, die ihm sagen würden, dass die vermissten Esel gefunden wurden (1. Sam 10,2). Uns wird weiterhin in diesem Zusammenhang gesagt, dass dieses Grab „an der Grenze von Benjamin", an der alten Straße von Bet-El nach Efrat[77] liegt. Der Prophet fügt noch einen weiteren Orientierungspunkt in der Nähe des Grabes hinzu, nämlich „bei Zelzach"[78]. Dies ist dieselbe Straße, die *Jakob Avinu* (unser Vater) von Bet-El aus nahm, und auf der Rahel bei ihrer Geburt von Benjamin starb. Genau diesen Weg nahm auch Saul, als er sich von Rama aus, der Stadt des Propheten Samuels, auf den Heimweg machte. Unmittelbar unterhalb Ramas, neben der „Straße der Patriarchen", befindet sich ein sehr alter, archäologischer Hügel, im Arabischen bekannt als „Kubur Bani Israil", die israelische Begräbnisstätte.

Der große Kommentator aus Spanien, bekannt als „der Ramban", spricht diese offensichtliche geografische Unstimmigkeit zwischen der gut dokumentierten Stätte in der Nähe von Bethlehem in Judäa und den

---

76 *Kevurat Rachel* benennt den bekannten, aktuellen Ort ihres Begräbnisses.
77 Bethlehem
78 Zelzach wird erklärt als „Tzel-tzach", ein Ort mit trockenem Schatten.

Ereignissen in *Eretz Binjamin*[79] an. Ramban kam 1287 ins Heilige Land, nach seiner berühmten Disputation mit dem Christen Pablo. In seinem großen Kommentar äußert sich der Ramban auch über Jakob und seinen Bericht über die Tragödie von Rahels Tod auf der Straße nach Bethlehem (1. Mo 48,7), als er Folgendes schrieb: „Als ich noch in Spanien war, war es mir klar, dass die heilige Stätte nicht weit von Rama entfernt im Gebiet Benjamins sein konnte, denn es heißt: „*Kol beramah nismah*", in Rama hört man ihre Stimme (Jer 31,15). Vater Jakob wanderte auf der Straße, die von Bet-El nach Efrat führt und vom Grab heißt es, dass es sich noch in weiter Entfernung von Efrat befand und nicht in der Nähe von Efrat" (*ve'od kivrat ha'aretz lavo Efrata*)[80]. Der Ausdruck „*kivrat ha'aretz*" drückt eine sehr große Entfernung aus, wobei „kivrat" abgeleitet ist von dem Wort „*kabir*", was „mächtig" bedeutet. Doch, so sagt der Ramban, seitdem ich das *zechut*, das Privileg hatte, *Kever Rachel* nahe Bethlehem gesehen zu haben, glaube ich, dass dies die richtige Stätte ist" (übers.). Man beachte den Unterschied in der Wortwahl zwischen *Kevurat* Rachel (Grabstätte), dem Ausdruck, den der Prophet Samuel gebrauchte und dem Wort „Kever", Grab, das von späteren, nicht-biblischen Quellen, gebraucht wurde.

Doch seit dem frühen 14. Jahrhundert erwähnten Kirchenväter den gegenwärtigen Standort des Grabes. Dokumente aus dem 10. Jahrhundert, die man in der berühmten Kairo-Geniza (Archiv) fand, berichten von jüdischen Pilgern, die das *Kever Rachel* besuchten. Als Benjamin von Tudela, der berühmte jüdische Reisende, im Jahre 1171 *Kever Rachel* besuchte, beschrieb er das bereits sehr bekannte und auf vier Säulen ruhende Grab. Er sagte, dass das Grab selbst aus elf Steinen erbaut war. Dies wurde von *Petachiah* (1180) aus Regensburg bestätigt. Er fügte noch eine interessante

---

79 Das Stammesgebiet von Benjamin
80 Biblische Straßen werden nach ihrem Endpunkt benannt.

Geschichte über christliche Mönche hinzu, die den obersten Gedenkstein mit Jakobs Inschrift von seinem Platz entfernt hatten, um ihn mit in ihr nahegelegenes Kloster zu nehmen. Doch jeden Abend befand sich der mächtige Stein wieder an seinem ursprünglichen Platz.

Unzählige jüdische Reisende beschrieben *Kever Rachel* und bezeugten die Wahrheit von Rahels Tragödie und Triumph. Sie ist die „Mutter auf dem Weg", die nie vergessen wird, eine immerwährende Quelle des Trostes für die im Exil Lebenden und ihren heimkehrenden Kindern (siehe 1. Mo 35,20).

Der moderne Wendepunkt in der Geschichte von Kever Rachel kam mit der Ankunft von Sir Moses Montefiore und seiner Frau Lady Judith, die wie Mutter Rahel kinderlos war. Montefiore konnte 1841 vom türkischen Sultan eine „Firman", eine Urkunde erwerben, die ihm das jüdische Besitzrecht über das Grab zuerkannte. Bis zu diesem Tag tragen die Türpfosten des Grabes die königliche Signatur des Ottomanischen Reiches mit der Inschrift: „Unter dem Schutz des Sultans".

Um jeglichen Konflikt mit den Arabern in diesem Gebiet zu vermeiden, ließ Montefiore einen länglichen Raum an die kuppelförmige Struktur des Grabes anbauen und verlieh damit dem Grab seine uns bekannte Erscheinung. Diese Raumverlängerung wurde für den Gebrauch von Moslems errichtet, die ihre Begräbnisriten in der Nähe des Grabes verrichteten. Viele Male hat diese Einrichtung bereits ernsthafte Störungen verursacht.

Bei dem Wiederaufbau des Baukörpers wurde die ursprüngliche Begräbnishöhle entdeckt. Sie erstreckt sich unterhalb des gegenwärtigen Bauwerkes. In jener Zeit wurde die Eisentür mit ihren zwei Schlüsselunikaten gestaltet, von denen der eine dem Weisen, Yehoshua Burla, dem Küster der sephardischen Istanbul Synagoge, anvertraut wurde. Der andere Schlüssel ging an die Familie von Shlomo Freiman, den *Shammash*[81] der Hurva-Synagoge. Diese Schlüssel wurden als ein gutes Omen, eine „Segulah", angesehen, das bei einer schweren Geburt helfen konnte, wenn der Schlüssel unter das Kissen einer Frau in Wehen gelegt wurde. Lokale Tradition berichtet uns, dass das Verdienst von Mutter Rahel immer Erleichterung gebracht hatte. Auch bei arabischen Frauen waren die Schlüssel sehr gefragt.

Nach dem Hebron Massaker im Monat August 1929 befragte Rav Shlomo Freiman den inzwischen verstorbenen Oberrabiner Abraham Kook, ob er das Kever Rachel öffnen sollte. Rav Kook gab den Rat, die Stätte geöffnet zu lassen, um jüdische Rechte dort sicher zu stellen. Das letzte Mal, dass Rabbi „Shleimke" Freiman die Tür mit seinem Schlüssel öffnete, war an dem Tag, als die Teilung Palästinas am 29. November 1947 beschlossen wurde. Die arabische Straße war bereits in Aufruhr. Rabbi Shleimke wurde daraufhin von einigen arabischen Freunden gewarnt, nicht mehr zurückzukommen.

Neunzehn Jahre lang befand sich das Grab Rahels gleichsam wie im Exil. Seine Befreiung kam mit dem berauschenden Blasen eines Shofarhorns, das der Welt die Heimkehr der Altstadt Jerusalems und des Tempelbergs ankündigte. In jenen Tagen wurde ganz Israel von dem berühmten Lied ergriffen, das verkündigte: „Deine Kinder sind zu dir zurückgekehrt, Mutter Rahel, geführt von Benjamin und Josef. *Shuv lo nelech mipoh Rachel*", wir werden dich nie mehr verlassen". Leider hielten wir nicht ganz dieses Versprechen. Heute ist *Kever Rachel* von einer Festung umgeben und hat ein wenig von der innigen Nähe verloren, das ihrem Grab so eigen war, als es noch der einsame Wachturm an der Straße war – ein Symbol für die inbrünstige Liebe einer Mutter.

---

81 Ein Synagogendiener

↑ Die Felsenformation von „Zelzach", dem Ort in der Nähe von Rahels Grab unterhalb von Rama

Nostalgie umgibt die alten Schätze von *Kever Rachel* in Form von Tagebüchern, in denen Tausende von Besuchern ihren Gefühlen Ausdruck gaben. Die Tagebücher wurden von Hr. Shuki Freiman, einem Sohn der berühmten Familie und bemerkenswerter Judaica Künstler, von den Jordaniern zurückgeholt, in deren Hände sie gefallen waren. Man kann diese Tagebücher nicht ohne Tränen in den Augen lesen. In einem Eintrag vom April 1946, geschrieben von einem siebenjährigen Mädchen, das neben dem Grab weinte, kann man lesen: „Liebe Mutter Rahel, wir können nicht länger warten. Bitte, komm doch, damit wir nicht mehr weinen müssen."

Ein anderer Eintrag vom September 1946 wurde von einer Gruppe von Holocaust Überlebenden geschrieben, die gekommen waren, um Kerzen

Moses Montefiores Errungenschaft an der Westmauer

Frühere Besucher am Grab bemerkten immer eine Inschrift, die Montefiores Wiederherstellung des Grabes lobend hervorhob. Doch nicht viele Menschen kennen die Antwort auf die Frage, warum ein bestimmtes Wort in dieser berühmten Inschrift ausgelassen wurde. Die Inschrift lautet folgendermaßen: „Dieses Haus wurde von dem großen (Wort ausgelassen) Prinzen in Israel, Sir Moses Montefiore, möge sein Licht leuchten, und von seiner Frau, Lady Judith, Tochter von Königen, gebaut. Mögen beide das Licht des Messias sehen." Das ausgelassene Wort ist „ohaiv", „geliebten". Hinter dem fehlenden Wort verbirgt sich eine nennenswerte Tatsache.

Moslemische Beter oben auf dem Tempelberg pflegten oft Juden am Kotel (Klagemauer) zu verunglimpfen und Montefiore nahm sich vor, der Sache auf den Grund zu gehen. Tatsächlich erhielt er die Erlaubnis vom türkischen Sultan, der Höhe der Mauer einige Reihen hinzuzufügen, die man bis heute sehen kann. Um dieses Werk aber zu bewerkstelligen, musste Montefiore zum Tempelberg hinaufsteigen. Um aber nicht auf heiligen Boden zu treten, wurde er auf einem Stuhl nach oben getragen. Die jüdische religiöse Leiterschaft aber verurteilte ihn dafür, auf den Tempelberg gegangen zu sein, und darum hat man das Wort „ohaiv" in der Kever Rachel Inschrift entfernt.

für die Familienangehörigen anzuzünden, die in Europa während des Krieges getötet wurden. Eine Frau weinte: „Rahel, Rahel, wir brauchen eine Heimstätte in Eretz Israel, um die Wunden der Überlebenden zu heilen". Eine andere Überlebende wiederum bat darum, die ganze Nacht am Grab verbringen zu dürfen. Sie verbrachte die Nacht damit, Psalmen zu beten. Am nächsten Morgen lief sie zu Fuß zurück nach Jerusalem.

Die Dinge, die hier in Verbindung mit Rahels Grab zur Sprache kommen, haben mit der Tragödie des Exils zu tun. Sie will sich nicht trösten lassen, weil sie Zeugin von der Gefangenschaft ist. Mutter Rahel wurde der Schlüssel für die endgültige Erlösung und deren Unergründlichkeit anvertraut. Im Namen des Herrn kündigt Jeremia an: „Denn es gibt Lohn für deine Mühe und deine Kinder werden aus dem Land des Feindes zurückkehren" (frei nach Jer 31,16). Ihre Begräbnisstätte (Kevurat) am Straßenrand wurde deshalb gewählt, damit sie diejenigen trösten konnte, die ins Exil geschickt wurden und auf ihrem Weg nach Babylon an ihrem Grab vorbeikamen (Midrasch Rabba, 1 Mo, 2:11). Tatsächlich sammelten die Babylonier ihre Gefangenen in Rama, ganz in der Nähe ihres Grabes (Jer 40,1). Jeremia selbst wurde mit all den anderen Gefangenen gefesselt nach Rama geführt. Diese Tatsache wäre damit ein zwingender Grund dafür, Rahels Grab in die Nähe von Rama anzusiedeln, im Gebiet von Benjamin.[82]

Der *Midrasch* bringt Rachels Klagelied in Verbindung mit der Zerstörung des Ersten Tempels und des darauffolgenden Exils. Tatsächlich weist der Ort ihres vermuteten Grabes in der Nähe von *Rama* im Gebiet *Benjamin* hin auf die frühe Tragödie des Exils von den zehn Stämmen. Das Grab am Rande der uralten Straße liegt genau auf der Grenze zwischen dem davidischen Reich von *Yehuda* und dem separatistischen Königreich der Nordstämme. Die tragische Trennung, die von den Stämmen Josefs, nämlich *Efraim* und *Manasse* vorangetrieben wurde, steht in Beziehung zu dem eigentlichen Grund für das Exil – das wiederum mit Rahel in Verbindung steht. Die Spannung zwischen Josef und seinen Brüdern begann mit dem Täuschungsakt, in dem Rahel mit Lea ersetzt wurde. Auch wenn Rahel aus Mitleid für ihre Schwester handelte, hatte dies enorme Konsequenzen, die

---

82 Dies könnte auch der Grund für Rabbi Meiers Standpunkt sein: Rahel starb im Gebiet von Benjamin (Sifrei Deut:352). In der Tat äußerte auch der Ramban in seinem Kommentar über 1. Mo 35,16, dass die in Jeremia 31 erwähnte Stadt Rama im Gebiet Benjamin liegt.

Den Grund für die doppelte Tradition

kann man erklären mit der Existenz zweier konkurrierenden, politischen und religiösen Systeme, nämlich Juda und Samaria, Yehuda und Shomron. Dem Nordreich warf man Götzendienst vor und darum wurden seine Heiligen Stätten, einschließlich Rahels Grab, als verwerflich erklärt. Man errichtete dafür in der Nähe von Bethlehem ein Denkmal. Mit der Rückkehr Zerrubabels nach Zion wurde dieses Denkmal mit zwölf Steinen wieder neu aufgebaut, die das wiederhergestellte Haus Jakobs und die einstige Erfüllung von Gottes Verheißung an Rahel hinsichtlich der endgültigen Erlösung darstellen sollte.

letztlich zum Zerbruch des Hauses Jakobs führten. Am Ende warteten nur noch das Exil und die Zerstörung. Rahel wird getröstet in dem Wissen, dass das Haus Jakob wieder hergestellt wird, doch verkörpert ihre Tragödie, wie schwierig dieser Heilungsprozess und seine Geheimnisse sind, wenn sich das Volk auf den Heimweg macht.

Der Berg
Azazel
und das
Sündenbock-
Geheimnis

Eine geografische
Untersuchung
des Berges Azazel

∧ Der Berg Azazel und der
Sündenbock leisten Sühne
für die Sünde des Götzendienstes
am Ba'al Pe'or

Am Fuß des Berges Azazel in der Judäischen Wüste steht das kuppelbedeckte moslemische Heiligtum „Nebi Musa". Die Moslems behaupten, dass dieser Bau über dem Grab Moses errichtet ist. Die Bibel aber sagt unmissverständlich, dass aufgrund göttlicher Anordnung Mose nicht den Jordan überqueren durfte. Außerdem wird gesagt, dass sein Grab für immer unbekannt bleiben wird. Dennoch kann man die moslemische Tradition nicht völlig verwerfen. Stattdessen sollten wir nachforschen, welche authentische jüdische Tradition hinsichtlich des Mosegrabes von den Moslems übernommen wurde, um sie zur Grundlage ihrer eigenen Tradition zu machen. Wir werden sehen, dass uns die Lösung dieses Rätsels zugleich den Schlüssel gibt zum Ritual des Sündenbocks und zum Ort des Berges Azazel, der sich weit entfernt von Jerusalem befindet.

Tatsächlich sagt die Bibel ausdrücklich, dass das Grab Moses östlich vom Jordan liegt, und das Grab Moses liegt in Sichtweite des moslemischen Grabmals. Dieser Ort befindet sich in einem klar erkennbaren Tal gegenüber von Rosh haPeor, dem Berg von Ba'al Pe'or. Von der Höhe dieses Berges aus konnte Bileam, der böse Seher, die „schönen Zelte" der Stämme Israels sehen, wobei er von deren sittlicher Reinheit sprach, um sie dann aber mit der Hurerei ihres Gottes Ba'al Pe'or[83] zu verderben. Wir lesen in 5. Mo 34,6: „Und [Gott] begrub ihn (Mose) im Tal, im Land Moab, Bet-Peor gegenüber". Dies sollte eine ewige Mahnung und Sühne sein für den Götzendienst, mit dem man dem Ba'al Pe'or gedient hatte. Das „Tal" in diesem Vers wird ein „gai" genannt, womit ein tiefes Nord-Süd Tal beschrieben wird. Der Ort des Ba'al Pe'or Götzendienstes gegenüber der Grabstätte, auf der östlichen Seite des Jordans, ermöglicht uns eine fast genaue Ortsbestimmung des Grabes, auch wenn dieses nicht markiert ist. Auch das erwähnte „Gai" wird genau bestimmt aufgrund des Lagerplatzes der Stämme östlich des

---

83 Dieser Gott wurde auf dem Berg Bet Baal Peor, dem Haus des Götzen Ba'al Pe'or, verehrt. (A.d.Ü.)

Jordans, und gegenüber von Jericho – auf der westlichen Seite des Jordans. Bereits in den prophetischen Segenssprüchen über den Stämmen Israels wird der verborgene Charakter der Grabstätte betont. Im Segen über den Stamm Gad wird folgende Zusicherung ausgesprochen: „ … dort ist der Anteil des Gesetzgebers, des Verborgenen" (Übersetzung nach Zunz[84]).

Zukünftige Generationen von Pilgern zum Heiligen Tempel legten gewöhnlich während ihres Aufstiegs von Jericho nach Jerusalem in einem Tal, das später als das „Nebi Musa Tal" bekannt wurde, eine Rast ein. Von diesem Aussichtspunkt aus kann der gesamte Schauplatz des israelitischen Lagers in der Ebene von Moab überblickt werden; hier an diesem Punkt riefen sich die Pilger die schmerzhaften Ereignisse in Erinnerung, die der wunderbaren Überschreitung des Jordans und ihrem ersten Einzug ins Gelobte Land vorausgingen. Sie sahen dann den Ort von Moses Begräbnis und baten den treuen Hirten um Vergebung, der ihre Vorfahren bis zur Schwelle dieses Landes geführt hatte, um dann noch ihre allerletzte Rebellion miterleben zu müssen. Die Pilger erzählten sich dann gewöhnlich die Geschichte von Pinchas, der für seinen leidenschaftlichen Eifer für den Allmächtigen mit dem Priestertum belohnt wurde und dachten nach über den üblen Rat Bileams, die Israeliten mit den Frauen Moabs zu locken und wie sie, Israel, auf diese hedonistische Perversion des Ba'al Pe'or eingegangen waren.

In diesem Tal erlebten die Pilger eine tiefgreifende Katharsis und Reinigung auf ihrem physischen wie auch geistlichen Aufstieg zum Heiligen Tempel. Dieser Ort wurde zu einem immerwährenden Mahnmal, der dann später von den Moslems übernommen wurde. Es ist bemerkenswert, dass das

---

84 Zunz leitete eine Gruppe jüdischer Wissenschaftler, die von 1839 an eine Übersetzung der Heiligen Schrift unter dem Titel *Die vier und zwanzig Bücher der Heiligen Schrift. Nach dem masoretischen Texte* herausgaben. Sie wurde später die „Rabbinerbibel" genannt. (zitiert nach Wikipedia vom Übers.)

moslemische Festival von „Nebi Musa" immer mit dem Paschahfest zusammenfiel. Hier in der Jericho Ebene feierten die Israeliten ihr erstes Passahfest seit dem Exodus. Mit diesem Ort verbindet sich eine Fülle von Erinnerungen an das Leben und den Tod von Mose. Im Laufe der Zeit entwickelte sich dieses Gebiet auch zu einem begehrten Friedhof. Nach moslemischer Legende soll sich hier das Grab von Aisha, der Lieblingsfrau Mohammeds befinden, sowie das Grab der legendären Person des „Hasan Haroeh", des Schafhirten von Jetro, der nach Mose diesen Posten von ihm übernommen hatte.

Direkt gegenüber von Nebi Musa ragt die steile Felswand des Azazel auf, der aufs engste mit dem Sühneopfer für die Sünde am Bet Baal Peor verbunden ist. Der geografische Name dieses hohen Berges ist „Jabel al

Der Weg des Sündenbocks vom Tempelberg zum Berg Azazel

1. Das Ausgangstor vom Tempelberg
2. Der Ölberg
3. Berg Azazel
4. Nebi Musa

Muntar", was so viel bedeutet wie Ausguck, Beobachtungsposten, Aussicht. Tatsächlich kann man von hier oben aus ganz deutlich im Westen die Silhouette von Jerusalem sehen. Zum Osten hin sind deutlich der Berg Nebo und Rosh ha'Peor, mit dem Lagerplatz der Israeliten auf der anderen Seite des Jordans in der Ebene von Moab, sichtbar. In der Tat gibt er Ausblick auf die gesamte Geschichte der Israeliten hinsichtlich ihres Eintritts ins Gelobte Land und ihres Aufstiegs vom tiefsten Punkt der Erde zu den geistlichen Höhen auf dem Berg Moria. Wir werden noch sehen, dass hinter dem Sündenbock, den man am Yom Kippur zum Berg Azazel führte, die Absicht stand, der hedonistischen Perversion von Ba'al Pe'or entgegenzuwirken. Für den uralten Götzendienst war der Ziegenbock stets das Symbol zügelloser Lust, den man den Göttern weihte und zum Götterdienst erhob. In dem fast universalen Dionysoskult wurde der Gott auf einem Ziegen-

5. Berg Nebo
6. Berg Bet Baal Peor
7. Jericho
8. Gilgal

↑ Nabi Musa und der Berg Azazel stellen das Antidot für den Götzendienst auf dem Berg Bet Baal Peor dar

bock reitend dargestellt. Der Name „Azazel" wird auch verstanden als eine Anspielung auf Dämonen oder unkontrollierbare dunkle Mächte. Im Zusammenhang mit dem Versöhnungstag finden wir in 3. Mo 17,7 die folgende Ermahnung: „Und sie sollen nicht mehr ihre Schlachtopfer den *Seirim*, den Bocksdämonen schlachten, denen sie nachhuren". Die Verehrung des Ziegenbocks war weit verbreitet im alten Ägypten. Sie schloss sexuelle Promiskuität mit ein. Am Versöhnungstag aber wurden zwei männliche *Seirim* vor den Hohepriester gebracht. Durch göttliches Los wurde ein Ziegenbock für das Versöhnungsopfer bestimmt, der andere nach Azazel geschickt, nachdem man ihm einen roten Wollfaden an seine Hörner gebunden

hatte. Ein lang zuvor ausgewählter Priester führte den Ziegenbock durch die Wüste und unterwegs an zehn Stationen vorbei und dann hinauf zur felsigen Klippe des Azazels, von wo aus der Ziegenbock rückwärts über die steile Felswand gestoßen wurde. Auf diese Weise wurde der Ziegendämon symbolisch zerschmettert. Die große Menge der Pilger, die auf dem Tempelberg versammelt war, erlebten mit, wie sich das Band aus roter Wolle, das man vom Heiligtum aus öffentlich darbot, weiß färbte[85] als

---

85 Im herodianischen Tempel geschah dies aber nicht mehr. (A.d.Ü.)

Zeichen dafür, dass ihre Sünden vergeben worden waren, sie also *kapparah*, Vergebung, erhielten. Die Absicht hinter diesem reinigendem Sühneopfer war es, das ganze Verlangen in den Dienst der Heiligkeit zu stellen. Dieses Verlangen wurde symbolisch dargestellt im Tanz der jungen Frauen, die alle in Weiß gekleidet waren, wie es in der Mischna beschrieben wird (Taanit 4:8). Die Töchter Jerusalems tanzten in den Weinbergen vor dem Tempelberg (in Schilo in den Weinbergen), was ein deutlicher Hinweis auf die Reinheit des Familienlebens war – ein Gegenmittel gegen die Sünde von Ba'al Pe'or und den verbreiteten Dionysiuskult.

Unsere Weisen zählen das Gebot des Sündenbockkultes zu den Gesetzen (*shukim*), die von Skeptikern hinterfragt werden, wie zum Bespiel das Verbot, Wolle und Leinen zusammen zu tragen (Talmud Yomah 67). Doch selbst der größte Skeptiker wird sich nach einem Rundgang auf dem Berg Azazel von der tiefen Bedeutung des so vollzogenen Sühneopfers überzeugen können.

Der Pilgerweg zum Berg Moria

Die „Straße der Patriarchen" wird der Pilgerweg zum Heiligen Tempel

Nabi Daniel, auf dem Weg der Patriarchen zum Berg Moria
Von dieser Anhöhe aus ist Moria sichtbar

Für die Väter Abraham und Isaak fand der größte Glaubenstest auf dem Berg Moria statt. Doch blieb ihnen die Heiligkeit dieser Himmelspforte verborgen, wie es der Name selbst andeutet, den Abraham diesem Ort nach der Glaubensprüfung gab: „Der Ort, wo der Herr sich sehen lassen wird" (1. Mo 22,14). Die göttliche Anweisung für die „Akeida", die Aufopferung Isaaks, spricht nur vom „Land Moria". Der genaue Ort würde später offen-

Der Weg der Patriarchen nach Moria und zur Akeida, der Opferung Isaaks

bart werden, doch die Topografie des „Landes Moria" wurde im selben Kontext deutlich gemacht. Wir lesen, dass Abraham am 3. Tag nach seinem Aufbruch von Be'er Scheva seine Augen erhob und er „sah den Ort von ferne" (1. Mo 22,4). Hier wird der Ort sehr klar beschrieben. Der „Weg der Patriarchen" entspricht genau der Linie der zentralen Wasserscheide im Judäischen Bergland auf einer Höhenlage von etwa 1000m über dem

Meeresspiegel. Auf unserem Weg entlang dieser uralten Höhenstraße kommen wir an eine Stelle, wo das Terrain plötzlich abfällt und wir die Vororte Jerusalems sehen können. Diese Stelle, die einen Panorama-Ausblick auf die Hügel Jerusalems bietet, liegt südlich von der modernen Stadt Ne've Daniel. Von hier aus kann man am Horizont den Ölberg sehen. An einem klaren Tag leuchtet im Nordosten die goldene Kuppel des Felsendoms auf. Wir wissen, dass die Höhenlage von Moria 740m, oder 2220 ft. ü. M. ist. Von unserem hohen Aussichtspunkt aus können unsere Augen das gesamte Land Moria überblicken, das sich weit nach Norden bis zu den Hügeln von Bet-El hinstreckt.

∧   Ritualbäder auf dem Weg der Patriarchen

^ Die Frauen-Mikwen hatten einen größeren Vorplatz vor dem Wasserbecken,
der ihnen Gewähr für ihre Privatsphäre bot. (mit freundlicher Genehmigung
von BAR)

Ungefähr im Zentrum dieser tellerförmigen Hochebene, die im Süden
von den Bergen Neve Daniels und im Norden von den Bergen Bet-Els
flankiert werden, liegt die Heilige Stadt, umgeben von einem niedrigeren
Hügelring. Doch erhebt sich der Berg Moria nicht über der Stadt. Ganz im
Gegenteil, er liegt eher niedrig, um als Fokus für die Schekina, die göttliche
Gegenwart, zu dienen. Es ist genau dieses Bild, das in dem bekannten Vers
im Buch der Psalmen nachgezeichnet wird: „Jerusalem - Berge sind rings
um es her. So ist der Herr rings um sein Volk, von nun an bis in Ewigkeit
(Ps 125,2)“. Der Berg des Herrn wird von einem doppelten Hügelring
geschützt, wobei der äußere, höhere Ring, das „Eretz haMoriah“, das Land
Moria, abgrenzt und definiert.

Zum Osten hin liegt das weite Gebiet von *Kikar ha Yarden*, die Jordanebene
mit Jericho und Gilgal, die beide mit dem heiligen Bezirk von Jerusalem
eine Einheit bilden. Allerdings wurde die Heiligkeit und Besonderheit des

∧ Der berühmte einsame Baum „Alon Schevut" (Eiche der Rückkehr).
Er steht am Weg der Patriarchen, der auch der Weg für die Festpilger war.

inneren Bereiches vom Land Moria erst viel später und erst dann offenbart, als König David die Tenne des Jebusiter Königs Arauna erwarb – es war genau die Stätte von Abrahams und Isaaks Glaubenstest - und dort einen Altar bauen ließ, so wie es ihm der Prophet Gad befohlen hatte (2. Sam 24,18). Dies war der krönende Akt von König David, des Messias-Königs, der dort auf Moria der ganzen Menschheit das Tor des Gebetes offenbarte. Bis zu diesem Zeitpunkt gab es überall im „Land Moria" Heiligtümer, wie etwa in Mitzpa, Rama, Bet-El, Nob und Gibeon. Im Gegensatz zu diesen waren Jericho und Gilgal immer aufs Engste mit Moria verbunden, so als ob sie wie in einem Spiegelbild die Heiligkeit des Tempels in Jerusalem reflektierten. In Jericho, so sagte man, konnte man die Gesänge und Instrumente der Leviten hören und den Duft des im Tempel geopferten Weihrauches mitempfinden (Mischna Tamid, 3:8).

▲ In der römischen Epoche wurde der Weg der Patriarchen als wichtigste
    Militär- und Handelsstraße genutzt, die in regelmäßigen Abständen
    mit Meilensteinen versehen war

Jericho als die älteste und am tiefsten gelegene Stadt der Erde, die bis in
die Steinzeit zurückreichte, war für die neugeborene Nation Israel der
ideale Ort, von wo aus sie ihre Wanderung durch die Geschichte antrat.
Aus der Tiefe einer dekadenten Zivilisation begannen sie symbolisch ihren
Aufstieg zur geistlichen Höhe Morias. Man könnte fast sagen, dass Jericho
und Moria eine umgekehrte Leiter der Heiligkeit darstellten.

Kehren wir zurück zu den jährlichen Pilgerreisen auf dem *Derek HaAvot*,
auf dem Pfad der Patriarchen und den vielen *Oleh Regel*[86] auf ihrem Weg

---

86 Zu Fuß Reisende

zum Heiligen Tempel in Jerusalem. Es war eine erhebende Erfahrung, in den Fußstapfen von Propheten und Königen zu laufen. Für diese, von einer heiligen Aura verklärten Atmosphäre, zeugen auch die vielen öffentlichen *Mikwaot*, in Felsen gehauene Ritualbäder, die diese uralte Straße für die Nutzung der Pilger auf ihrer Wanderung säumten. Auf ihrem Weg von Beerschewa und Hebron konnten die Pilger die leidvolle und siegreiche Geschichte der Väter wieder neu erleben. Sie erfuhren von Ischmaels Ausscheiden aus der Erblinie und Isaaks Gehorsam gegenüber dem Willen des Allmächtigen. Auch heute noch kann man all dies und vieles mehr nachvollziehen, wenn man sich auf diesen historischen Pfad begibt.

Der Heilige Tempel im Brennpunkt archäologischer Beweisführung

Der wiedergefundene Standort des Tempels

❮ Der Felsendom auf der
Muslim-Plattform, an dessen
Mauerstufe Überreste des Chel
sichtbar sind. Dieser war einst
die Terrasse, die den Vorhof der
Heiden von dem Heiligen
Bereich der Schekina – der
göttlichen Gegenwart – trennte.

*I*n diesem Kapitel soll mithilfe der vielen archäologischen Hinweise auf und um den Tempelberg herum der Beweis für die Existenz des jüdischen Tempels erbracht werden. Das beeindruckendste Bauwerk war die sogenannte Brücke der Priester. Diese monumentale Brücke führte von der Oberen Stadt über das Tyropoion-Tal und mündete auf dem Tempelberg an der Stufe der Terrasse, die als „*Chel*" bekannt war (siehe Mischna Midot 2:3)[87]. Über diese Brücke verlief auch der Aquädukt, der sauberes Quellwasser zum Tempelberg hinunter transportierte. Diesen Aquädukt, der erstmalig von den Hasmonäern erbaut wurde, kann man leicht bis zu den Teichen

Die hier sichtbare unterste Stufe der „Schlüsseltreppe" in der Nordwest-Ecke des Tempelbezirks ist das Fundament der hasmonäischen Westmauer

---

87 Der größte dieser Bögen wurde nach Charles Wilson benannt, der ihn 1876 entdeckte. Auf der Innenseite des Steinbogens weist eine Plakette auf den „Chel" hin.

Salomons in Bethlehem und jenseits der Vororte von Hebron zurückverfolgen. Der Talmud (Yoma:31) erwähnt *Ein Itam* als Ursprungsort dieser Quelle und sagt, dass er sich 23 Amot (Ellen) über dem Niveau des Tempelbe-

zirks befand. Das überaus kleine Gefälle (etwa 1%) macht ihn zu einem technischen Wunder. Man kann auch im nördlichen Teil des „Kotel-Tunnel" die Wasserversorgung für den Ersten Tempel erkennen. Ausgrabungen im Bereich der Westmauer haben eine große Straße entlang der westlichen Seite des Tempelberges zutage gebracht, sowie auch den zerstörten Treppenaufgang, der zum „Robinson-Tor mit Robinson-Bogen" hinaufführte. Am Fuße dieses Treppenaufgangs befanden sich im Inneren die noch gut erhaltenen Läden für die Halb-Schekel-Münze[88], die von allen erworben werden musste, die den Tempel während der drei Pilgerfeste – Pessach, Schawuot und Sukkot – besuchten. Ein großer Haufen von zugehauenen Steinen liegt am Fuß dieser einst

⌃ Der Zusammenbruch der Treppe, bekannt als die Robinson-Bogen Treppe, zerbrach das Straßenpflaster unter ihr. Offensichtlich hatte hier ein mächtiger Kampf stattgefunden.

---

88 Ungefähr €5,00 in unserer Zeit. Sie diente als Tempelsteuer. (A.d.Ü.)

↑ Der Eckstein der Mauer um den Vorhof der Israeliten ist sichtbar in der nordöstlichen Ecke der erhöhten Plattform

mächtigen Treppenflucht, nachdem sie eingestürzt war und das unter ihr liegende Straßenpflaster zerbarst. Tausende von verzweifelten Verteidigern des Tempels stürmten auf dieser Königstreppe herunter.

Diese Verteidiger kämpften gegen die aufmarschierende 10. Legion der Römer. Als mehr und mehr Verteidiger auf dieser Treppe heruntergestürzt kamen, konnten die Römer sie zum Kollabieren bringen, indem sie, wie es scheint, Feuer darunter legten. Brandspuren auf den Steinen und das zerbrochene Straßenpflaster zeugen von dem heroischen Verteidigungskampf um das Heiligtum. Ein anderes trauriges Zeugnis direkt neben dem Steinhaufen ist der riesige Eckstein, der von oben auf die Erde herunterstürzte. Er trägt die folgende hebräische Inschrift: „Für den Ort, an dem das *Schofar* geblasen wird". Hier hoch oben, an der Südwest-Ecke des Tempels, stand der Priester, wenn er das Schofar zum Auftakt des Sabbats und der Hochfeste blies.

Ausgrabungen an der Südmauer brachten eine monumentale Treppe zutage, die zu den „Hulda-Toren" führte. Das Tor mit seinen drei Eingängen wurde noch bis zur moslemischen Umayyad Periode benutzt. Über dem Doppeltor kann man noch einen Teil des massiven Türsturzes erkennen.

Dass sich die ganze Familie wenigstens einmal zum jährlichen Passahfest auf die Pilgerreise begab, ist klar ersichtlich aus den zwei Arten von öffentlichen *Mikwaot-* den Ritualbädern. Die eine Form ist offensichtlich für Frauen vorgesehen, da sie einen großen, aus dem Felsen gehauenen Vorraum besitzt und das Becken mit dem reinigenden Wasser tief hinten in den Felsen versetzt ist. Die regulären, für Männer konzipierten *Mikwaot* haben dagegen sieben Stufen, die direkt zum Becken hinunterführen. Die gleichen Unterschiede können in den großen öffentlichen Ritualbädern neben der Monumentaltreppe, die zu den Hulda-Toren hinaufführt, beobachtet werden. Auf diesen Treppen, als *Maalot Har HaBayit* bekannt, standen gewöhnlich Priester mit der Asche der *Roten Kuh*, um sie denen darzureichen, die aufgrund von Kontakt mit Toten rituell unrein waren und darum ihrer bedurften. Eine der Weisen von Yavneh, Ben Zomah, erinnerte sich (Brachot 58), dass er einmal auf dieser Treppe stand und einen einzigartigen Segen aussprechen konnte, der nur gegeben werden durfte, wenn man eine *Uchlusia* sah, nämlich eine so große Volksmenge wie beim Exodus. Ben Zoma hatte wahrscheinlich die Pilger gesehen, die am Abend vor dem Passahfest zum Heiligen Tempel hinaufschritten.

Unmittelbar nach der Befreiung der Altstadt im Jahr 1967 begannen Archäologen nach sichtbaren Mauerresten des zerstörten Zweiten Tempels zu suchen, der 70 n.d.Z. von den Römern zerstört worden war. Tatsächlich wurde eine Anzahl von Überresten gefunden, die eine exakte Lokalisierung der Tempelhöfe mit ihren Umgrenzungen ermöglichten. In der nordöstlichen Ecke der großen Muslim-Plattform mit ihrem Felsendom wurden antike Bausteine entdeckt, welche die Ostmauer des Vorhofes der Israeliten markierten. Ein anderer Beweis ist der exakte Nord-Süd-Verlauf der östlichen Mauer dieser Muslim-Plattform. Der gemessene Abstand von dieser Mauer bis zum Fels-Fundament ergab 135 Ellen, was genau den Maßangaben in der Mischna entspricht (Midot: 2:6). Prof. Benjamin Mazar machte eine weitere wichtige Entdeckung auf der Nordwest-Seite der großen Muslim-Plattform. Die unterste Stufe der Treppe[89], die dort zum Felsendom hinauf führt, verläuft hier nicht parallel zu allen anderen Stufen, sondern bildet in Wirklichkeit das Fundament der äußeren Westmauer des Tempelbezirks.[90] Dieses Fundament ist nicht parallel zur heutigen Muslim-Plattform, doch es verläuft exakt parallel zur Ostmauer, die bereits erwähnt wurde. Weitere Reste dieser westlichen Mauer waren noch sichtbar nach der Befreiung 1967 dieses Areals, doch wurden sie seither überdeckt und ausgeblendet unter sogenannten Gebetsplattformen.

Prof. Mazar machte noch eine andere entscheidende Entdeckung hinsichtlich der Westmauer. Er erbrachte den schlüssigen Beweis dafür, dass die gegenwärtige Westmauer eine Stützmauer des herodianischen Tempels war. Damit wurde ein 28 Meter weiter Streifen von *Chulin*, d.h. von ungeweihtem Boden, zur Westseite des Tempels hinzugefügt, ähnlich wie dies auf der Süd- und Nordseite des Tempelbezirks geschah. Der Grund für diese Erweiterungen waren herodianische *Stoas*, oder Säulengänge, die auf drei Seiten des inneren Tempelbezirks hinzugefügt wurden, aber nicht auf der Ostseite, weil dort bereits ein Säulengang von alters her existierte.[91] Tatsächlich hat diese Erweiterung auf der Westseite die Form eines spitz zulaufenden Dreiecks, was sich damit erklären lässt, dass die Westmauer

---

89 Diese Treppe ist bekannt als die „Schlüssel-Treppe". (A.d.Ü.)

90 Die frühere West-Mauer stammt aus der Zeit der Hasmonäer. Sie berücksichtigt die exakten Maße von 500 Ellen in der West-Ost Richtung des Tempelbezirks.

91 Auf dieser Seite fällt das Gelände steil ins Kidrontal ab, sodass hier eine Erweiterung auch nicht möglich gewesen wäre.

11° nach Westen schwenkt und darum 26m länger als die Ostmauer ist, d.h. das Verhältnis ist 478m x 452m. Eigentlich hat das Tempel-Areal die Form eines Trapezes, wahrscheinlich infolge der Topografie. Die kürzere Südmauer trifft die Westmauer jedoch im rechten Winkel, wie man dies sehen kann. Dies beweist, dass sie beide herodianisch sind, also zur gleichen Epoche gehören. Von besonderer Bedeutung ist die Ostmauer, die dem Ölberg gegenüber liegt. Diese Mauer stammt eindeutig aus der vorherodianischen Zeit, wie man dies an der „Fuge" erkennen kann. Die stufenweise Erhöhung von Ost nach West lässt klar den Schluss zu, dass das Felsenfundament, überdeckt vom Goldenen Dom, tatsächlich der „Eben HaShatijah" ist und sich dort das „Kodesh HaKodaschim", das Aller- heiligste, befand. Der Ost-West Querschnitt [durch den Tempelbezirk]

▲ Die „Fuge" in der Ostmauer zwischen der herodianischen Erweiterung nach Süden und der Hasmonäer Mauer. Man beachte das Tor (links im Bild), durch das der Sündenbock herausgeführt wurde.

^ Eine Mikwa für Frauen

˅ Mikwaot, Ritualbäder, nahe der Treppe, die zu den „Hulda-Toren" hinaufführte. Diese Ritualbäder waren frei zum Gebrauch für Pilger, die Kontakt mit Toten hatten

zeigt eine Bodenerhöhung von 6 *Amot* (Ellen) oder von 12 Treppenstufen vom Grundniveau des Tempelberges bis zum Vorhof der Frauen und einen weiteren Anstieg von 15 Stufen oder 7,5 Amot (Ellen) zum *Nikanor-Tor*. Auf diesen Stufen spielten die Leviten ihre Musikinstrumente. Eine weitere Erhöhung von 3,5 Amot bringt uns zum *Ezrat Ysrael* (Vorhof der Israeliten) und weitere 12 Stufen von je einer Tiefe von 0,5 Amah[92] nehmen uns hinauf zum „*Ulam*", der Eingangshalle zum *Kodesch*, dem Tempelhaus. Dieser Querschnitt durch die reale Ansicht des Tempelbergs (siehe Diagramm) zeigt uns deutlich, dass der Felsendom auf dem Standort des Tempel-Heiligtums steht, dem höchsten Punkt auf dem Berg Moria. Es wurde bereits erwähnt, dass es sich bei der Ostmauer um eine vorherodianische Mauer handelt. Ihr wichtigstes Merkmal ist die „Fuge", oder Nahtstelle, eine deutlich sichtbare Bördelung, die sich etwa 32m von der Südecke der Mauer befindet. Der nördliche Verlauf der Mauer an dieser Fuge weist andere Bausteine auf, die typisch für den hellenistischen Stil sind. Somit stammt dieser nördliche Verlauf der Mauer höchst wahrscheinlich aus der Zeit der Hasmonäer. Südlich

---

92 Amah ist der Singular von Amot = 1 Elle, wobei 1 Elle = ungefähr 0,52 cm ist.

von dieser „Fuge" kann man deutlich ein kleines Tor erkennen, von dem man annimmt, dass es das Tor war, durch das der Sündenbock am Versöhnungstag hindurchschritt, um auf den Weg zum Berg *Azazel* in der Judäischen Wüste geschickt zu werden.

Es stellt sich nun die kritische Frage, ob das heutige zugemauerte Tor, das als das „Goldene Tor" oder „Barmherzigkeitstor" bekannt ist, mit dem „*Schaar Hakohen*", dem Tor der Priester, auch „Schuschan-Tor" genannt, identisch ist. Dieses Tor diente einem ganz besonderen Zweck. Durch dieses Tor wurde die „*Rote Kuh*" hinausgeführt, um auf dem Ölberg verbrannt zu werden. Ihre Asche musste laut Gesetzesvorschrift rituell völlig rein sein. Nun befindet sich das heutige Goldene Tor nicht genau gegenüber vom Tempel, so wie es das Gesetz vorschreibt hinsichtlich der Aufbereitung der

Roten Kuh. Die Mischna (Midot 2:4) setzt im Einzelnen fest, dass der Priester bei der Zubereitung der Asche dieser *Roten Kuh* durch das *Nikanor-Tor* oberhalb des Frauen-Vorhofes in den *Ulam*, das Heilige Tempelhaus, sehen konnte. Eine solche Anordnung kann nur dann ausgeführt werden, wenn die Ostmauer niedriger ist, sodass die Blickrichtung des amtierenden Priesters auf der gleichen Höhe ist wie die des Tempels, der sich auf dem höchsten Punkt des Berges Moria befand. Der bekannte Autor Rabbi *Eshtori HaParchi* (um 1360) erkannte dies und kommentierte in

Die vier Verkaufsläden der Machazit HaSchekel befanden sich innerhalb des Treppentorbogens

Man kann große An-
sammlungen von uralten
Bausteinen auf dem
Tempelberg finden, die von
illegalen Ausgrabungen
stammen

Man hat die Brücke der
Priester in der Nähe des
Schaar HaShalshelet Tores
gefunden

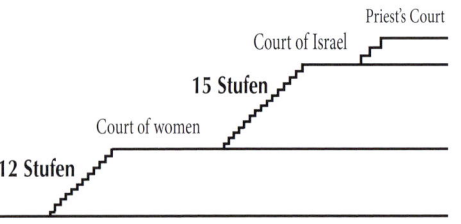

Tempelberg: Querschnittsansicht von Osten nach Westen

seinem Buch „Kaftor Va'Perach", dass der richtige Platz für das *Schaar HaKohen* ungefähr 70m südlich sein muss, d.h., in einer Entfernung, die ein fliegender Pfeil zurücklegt. Tatsächlich gibt es archäologische Hinweise auf ein verlorenes Tor, bekannt als das „Versunkene Tor", das man an dieser Stelle finden sollte. Wir wissen von Gaonischen Quellen, dass Juden tatsächlich an einem Tor beteten, welches dem Tempel vom Osten her gegenüberlag. Doch dieser Gebetsort wurde verunreinigt und durch einen davor gesetzten moslemischen Friedhof entweiht.

Die Halacha-Vorschrift, den Verbrennungsort der Roten Kuh auf dem Ölberg mit dem Eingang zum Heiligen Tempel in direkter Blickrichtung zu koordinieren, dient als ein weiterer Beweis dafür, dass sich der heutige Felsendom tatsächlich auf dem exakten Standort des Heiligen Tempels, auf dem höchsten Punkt des Berges Moria, befindet.

Wir möchten unsere Reise durch die einstige Herrlichkeit und Verheißung beenden mit einer Prophezeiung des Propheten Jesaja, die nicht weit vom

Robinson-Bogen in die Mauer eingemeißelt ist. Es handelt sich dabei um einen Vers im letzten Kapitel von Jesaja, der Zeugnis gibt von einer glorreichen Episode in der Geschichte des Tempelberges. Es war die Zeit, als harte und drückende Gesetze gegen die Juden von dem ersten byzantinischen Kaiser, Konstantin der Große, erlassen wurden. 361 n.d.Z. bestieg sein Neffe den Thron, den die Kirche „Julian den Abtrünnigen" nannte. Doch war er ein aufgeklärter Heide. Julian begann sofort, alle von Konstantin angeordnete, anti-jüdische Gesetzgebung und Besteuerung aufzuheben. Wie Kyros es einst getan hatte, so rief auch er die Juden dazu auf, den Tempel wieder neu aufzubauen.

In der Tat kamen Juden von Osten und Westen, um mit diesem heiligen Unterfangen zu beginnen. Aus dieser Zeit stammt die Inschrift von Jesaja 66,14, die auf die verlängerte Westmauer gemeißelt wurde: An Jerusalem sollt ihr getröstet werden. „Ihr werdet es sehen, und euer Herz wird überaus glücklich sein." Unglücklicherweise wurde Kaiser Julian ermordet und seine Reformen kamen zum Erliegen. Als jedoch die Inschrift nach der Befreiung des Tempelberges im Jahre 1967 zutage kam, wurde sie von nah und fern als ein Zeichen der nahenden Erlösung gedeutet.

Das zugemauerte „Goldene Tor", auch bekannt als das „Tor der Barmherzigkeit", Schaar HaRachamim

Die innere Torhalle des Goldenen Tores. Man hatte geplant, diesen Innenraum in eine Synagoge umzufunktionieren

Die verlorenen Städte im Toten Meer

Der Nachweis für Sodom und Gomorra

‹ Blick von Zoar über das
Tote Meer

*D*er Beweis für die verlorenen Städte ist uns sehr deutlich gegeben beim Anblick der weiten Fläche des südlichen Teils des Toten Meeres. Sodom, Gomorra, Adma und Zeboiim gehörten zu den frühesten Stadtzentren der Welt, ähnlich wie Jericho. Sie waren keine mythologischen Konstrukte, sondern höchst organisierte Städte inmitten eines tropischen Paradieses. In 1. Mo 13,10 wird uns von ihnen eine realistische Beschreibung gegeben, die vergleichbar ist mit der Nil-Zivilisation im alten Ägypten. Die Tatsache, dass eine der zum Untergang verurteilten Städte, nämlich Zoar, verschont blieb, erlaubt uns einen Vergleich mit den anderen vier. Zoar, bekannt als die Oase von „A Safi", erfreut sich reichlich fließenden Quellwassers und guten Erdbodens. Eine archäologische Untersuchung dieses Ortes und des Untergrundes dieses seichten südlichen Beckens des Toten Meeres würde mit Sicherheit konkretes Beweismaterial zutage bringen. Tatsächlich kann man im Israel Museum in Jerusalem sehr kunstvoll ausgeführte kultische Bronzeobjekte sehen, die höchstwahrscheinlich mit der Sodomkultur in Verbindung stehen. Sie wurden in dieser Gegend in Höhlen gefunden.

Die Geschichte der verlorenen Städte wird uns in drei unabhängigen Episoden erzählt. Die erste von ihnen berichtet uns von Lot, dem Neffen Abrahams, als er den guten Rat seines Onkels in den Wind schlug und sich stattdessen in diesem wahrhaftigen Garten Eden niederließ. Später wurde er sogar Richter in Sodom.

In der zweiten Episode lesen wir von einem großen Krieg im Mittleren Osten. Vier gut dokumentierte mesopotamische Könige zogen kriegerisch durch das gesamte Gebiet, zerstörten eine ansässige Bevölkerung von Riesen und verwüsteten sogar Ein Gedi, damals „*Hatzazon Tamar*" genannt. Ihr Hauptfeldzug richtete sich jedoch gegen die fünf Könige auf dem „*Kikar*", der Ebene von Sodom. Dies weist deutlich auf den Reichtum und die

<small>∧</small>   Das überflutete Tal von Sodom und Gomorra

Bedeutung dieser Städte hin. Das Schlachtfeld wird als „*Emek Hasidim Hu Yam Hamelach*" (1. Mo 14,3) beschrieben. Hier liegt der Schlüssel zu den umwälzenden Ereignissen, die diesen Garten Eden in eine Salzwüste verwandelten. In der aramäischen Übersetzung der Bibel von Onkelos lesen wir: „Das Tal von *Sadot* mit fruchtbaren Feldern, was zum Salzsee wurde". In anderen Worten, göttliches Gericht, das später stattfand, ließ dieses fruchtbare Tal durch das tiefe Salzmeer mittels eines Erdbebens überfluten.

Im Anschluss an die oben beschriebene Kampagne, in der Lot gefangen genommen wurde, folgen wir dem König von *Sodom*, dessen Namen *Beira* war (übersetzt: böses Haus), bis zum *Schawe*-Tal, nahe bei Jerusalem. Hier bei der antiken heiligen „Stätte der Vermittlung" begegnete er Melchisedek, dem König-Priester von Salem und Abraham, der gerade von seinem Feldzug gegen die mesopotamischen Könige siegreich zurückkehrte,

Lots Frau wurde zu einer Salzsäule,
Berg Sodom

nachdem er Lot befreien konnte (1. Mo 14,17). In der dritten und letzten Episode fleht Abraham Gott an, die blühende Zivilisation zu verschonen, doch wird er stattdessen Zeuge von der völligen Zerstörung dieses misslungenen Paradieses. Nur Lot, seine Frau und zwei Töchter werden zur verschonten Stadt Zoar in Sicherheit gebracht. Hier werden wir wieder genauestens über den Ort Sodom informiert. Die Boten, die von Gott mit dem Auftrag ausgesandt wurden, das Strafgericht über die Stadt zu vollziehen, verbrachten die Nacht in Lots Haus. Sie trieben ihn zur Eile an, um sich in Sicherheit zu bringen und zwar in den frühen Morgenstunden. Dem Bericht zufolge war es zeitlich im ersten Morgengrauen. Ihnen wurde geraten, sich nirgendwo in der Ebene aufzuhalten, und um der Katastrophe zu entgehen, in die Berge zu fliehen. Lot aber bat darum, die nahgelegene Stadt Zoar zu verschonen, und diese Bitte wurde ihm gewährt. Sie erreichten Zoar, als die Sonne gerade über den hohen Bergen im Osten aufging (1. Mo 9,23). Die Entfernung von Sodom nach Zoar entspricht genau der Länge der

Wo war der Garten Eden, als Lot ihn sah?

Lot trennte sich von Abraham an einer Stelle zwischen Bet-El und Ha'Ai. Von diesem hohen Aussichtspunkt aus konnte er die Ebene von Sodom und Gomorra überblicken, die ihm wie der „Garten Eden" vorkam. Er sah, dass sie kulah maschkeh war, das heißt, ganz und gar bewässert, ähnlich wie die sprichwörtliche Fruchtbarkeit Ägyptens (1. Mo 13,10). Die geografische Schwierigkeit besteht darin, dass es unmöglich ist, von der Stellung Lots aus das südliche Becken des Toten Meeres zu sehen, auch wenn es von dort aus hoch genug war. Tatsächlich gibt es eine Reihe von triftigen Gründen seitens wissenschaftlicher Experten, die verlorenen Städte am nördlichen Ende des Salzmeeres zu lokalisieren, nämlich in der Jordanebene, wo auch die Oase Jericho liegt. Eine Überlegung dieser Theorie ist es, dass das südliche Sodom Gebiet eine völlig unbewohnbare Salzwüste ist. Doch fand Lot Zuflucht in der Oase Zoar, die selbst heute noch klar zu identifizieren ist. Die völlige Transformation dieser Landschaft kann man mit der Überflutung dieses Gebietes durch das Tote Meer erklären. Tatsächlich ist das südliche Becken sehr seicht. Der Salzdom, bekannt als der Sodom Berg, wurde durch das zerstörerische Erdbeben, das die Überflutung verursachte, hoch aufgeworfen. Lot verließ Sodom im Morgengrauen und erreichte Zoar bei Sonnenaufgang, was einer Entfernung von nicht mehr als 4,5 – 6km entspricht.

Man könnte einen weiteren biblischen Beweis für die Lokalisierung der Sodom-Kultur aus der Beschreibung des Landes durch Mose erbringen, als er auf dem Berg Nebo stand. Sein letzter Blick umfasste die gesamte Länge des Salzmeeres, von Jericho bis Zoar (5. Mo 34,3). Auch der Standort Abrahams, als er mit Gott um Sodom rang, kann als ein weiterer Beweis gelten.

Zeit, die man braucht, um vom Morgengrauen bis zum Sonnenaufgang zu laufen, und die beträgt zwischen 50-65 Minuten (circa 4-5km). Der geologisch unsichere Senkungsgraben und die Verwerfungslinie des Toten Meeres müssen ein besonders heftiges Erdbeben ausgelöst haben. Das sehr tiefe Becken[93] im Norden des Toten Meeres überflutete das Tal im Süden, wodurch das südliche Becken entstand, und die gesamte Gegend in eine große Salzwüste verwandelt wurde. In dieser Umwälzungsphase entstand der jetzt beherrschende Sodom Salzdomberg, indem er geologisch nach oben gedrückt wurde. Er hatte zuvor nicht existiert.

Im Arabischen wird das Tote Meer „Bachar Al Lot" genannt, das Meer von Lot. Man zeigt sein Grab nicht weit entfernt von jenem Ort, wo Abraham nach alter Tradition für Sodom gebetet haben soll. Von dieser Stelle aus, die sich in der Nähe der Stadt *Ma'ale Chever* befindet, kann man die gesamte Gegend überblicken, die zu einem Mahnmal für ein misslungenes menschliches Unternehmen wurde und als solches von der ganzen Welt gesehen werden kann. Die Höhle, in der Lots Töchter ihren Vater verführten im Glauben, die Welt wieder neu bevölkern zu müssen, ist eine Stätte mit einer langen Tradition. Sie wird auf der bekannten Madaba Karte gezeigt. In der byzantinischen Epoche wurde über diese Höhle ein Klosterkomplex gebaut. Diese Stätte ist bekannt als „Deir Ain Abata" (siehe den Artikel in BAR, Jan./Febr. 2004, von K. Politis). Die Tatsache, dass Tradition auf das südöstliche Küstengebiet des Salzmeeres verweist, würde die Meinung bestätigen, dass sich die verlorenen Städte tatsächlich in der flachen, südlichen Ausdehnung des Toten Meeres befanden und nicht in *Kikar Hayarden*, der Jordanebene von Jericho. Die Thora und die Propheten sprechen von dem Schicksal *Sodom*s und seiner gesamten Zivilisation im Sinne einer Parabel. Gott der Allmächtige hielt Gericht über Sodom und

---

93 Bis zu 400m Tiefe

den anderen Städten, weil sie dem grundlegenden Bund zwischen dem Schöpfer und der Menschheit zuwidergehandelt und damit Segen in einen Fluch verwandelt hatten. Ihr Schicksal wird als Mahnmal und Lehre dienen: „…selbst für den Ausländer, der aus dem fremden Land kommen wird…" (5. Mo 29, 21-23). Vielleicht soll dieses abstoßende Salzmeer-Gebiet, das in unserer heutigen Zeit wieder zum Leben erwacht ist und sich wieder in einen Segen verwandelt, ein Extrembeispiel für das gesamte Land sein. Das Land, das in der Abwesenheit seiner von Gott bestimmten Bewohner in einen desolaten Zustand verfiel, blüht wieder auf mit ihrer Rückkehr.

Die Höhlen der Riesen in Beit Guvrin

Suche nach den biblischen Riesen

^ Die glockenförmigen Höhlen von
Beit Guvrin weisen auf Riesen im
Land hin

*D*iese spektakulären Höhlen haben Bezug zu der Geschichte der Riesen in Hebron, die zweimal in der Thora erwähnt werden. Da ist zunächst der Name selbst, „Kiriat-Arba", was so viel heißt wie Stadt von „Arba", dem Vater der Riesen (Jos 14,15).[94] Das zweite Mal werden sie erwähnt im Zusammenhang mit den „Meraglim", den zwölf Kundschaftern, die von Mose ausgesandt wurden. Während ihrer Erkundigungstour durch das Land begegneten sie genau den gleichen Riesen in den Weinbergen von Hebron, im Tal von „Nachal Eschkol: „Wir waren in unseren Augen wie Heuschrecken, und so waren wir auch in ihren Augen" (4. Mo 13,33). So beschrieben die Kundschafter ihre Reaktion auf die Riesen, denen sie begegneten. Als Beweis dafür sollte (symbolisch) eine riesige Weinranke mit nur einer Traube dienen, die sie ins israelitische Lager mitbrachten und die von acht Kundschaftern an Stangen getragen werden musste.

Tatsächlich befinden sich die riesigen und von Menschenhand bearbeiteten Höhlen von Beit Guvrin etwas westlich von Hebron, in der Hügellandschaft der Schefela. Allerdings erfahren die vielen Besucher zu diesen spektakulären Höhlen in den ihnen angebotenen wissenschaftlichen Erklärungen, dass die vielen glockenförmigen Höhlen in Wirklichkeit nur Steinbrüche waren, deren weiches Kalkgestein für Bauzwecke gebraucht wurde. Hier handelt es sich um einen klaren Fall von Verleugnung biblischer Fakten. Im Folgenden soll der Beweis erbracht werden, der die Steinbruch-Theorie widerlegt. Die sehr symmetrische Glockenform der Höhlen weisen deutliche Spuren von Meißelarbeit auf, die sich vom Boden nach oben bis zum kleinen Rauchfang ziehen, der sich 21,34 m oberhalb befindet, und zwar genau im geometrischen Zentrum aller Höhlen. Die Steinbruch-Theorie behauptet, dass man umgekehrt arbeitete: nämlich vom kleinen Rauchfang anfangend, nach unten. Doch ist es nicht logisch, das Baumaterial nach oben zu heben

---

94 Man kann die zyklopischen Mauern der Riesen noch heute im Tell Hebron sehen.

Spuren von Riesen im Land

Die einzigartigen, glocken-förmigen, von Menschenhand geschaffenen Höhlen in Bet-Guvrin sind ein klarer Beweis für deren Existenz. Die geistig-seelische Reaktion der Israeliten auf das Beweismaterial, das die von Mose ausgesandten Kund-schafter mitgebracht hatten, könnte den psychologischen Beweis dafür liefern, dass diese tatsächlich den Riesen in Hebron begegnet waren. „Wir waren wie Heuschrecken in ihren Augen", so erzählten sie. Die Israeliten wiederum waren bereit, die ganze Mission des Exodus aufzugeben, nachdem sie mit der physischen Realität der Riesen konfrontiert wurden mittels der ungewöhnlich großen Frucht des Landes. Die Bibel erwähnt fünf verschiedene Gruppen von Riesen im Land (1. Mo 14,5). Die Israeliten trafen während ihrer Landeinnahme auf die Riesen in Hebron, Kiriat Sefer, und auch den Riesen Og, den König des Baschans. Für die Israeliten war diese Begegnung ein göttlicher Test, der ihnen helfen sollte, ihre Angst zu überwinden, gleichzeitig aber auch eine Lehre, dass sie nur mit Gottes Hilfe das Land überhaupt in Besitz nehmen konnten. Die phänomenalen Glockenhöhlen von Bet-Guvrin sind ein Zeugnis für die heldenhaften Zeiten von damals.

und dann durch diese kleinen Löcher nach unten zu werfen. Wenn es die Absicht war, Bausteine zu gewinnen, warum dann die perfekte Symmetrie? Der sehr weiche Kalkstein ist völlig ungeeignet für das Zuhauen von Bausteinen. Es gibt praktisch Hunderte von diesen Höhlen in der umlie-genden Gegend von Bet-Guvrin. Viele von ihnen sind eingebrochen. Ein sehr eigenartiges Merkmal dieser Höhlen sind die verborgenen Räume, die in zentralen Orten überall in den Höhlen auftauchen. Solche versteckten Räume ergeben absolut keinen Sinn, wenn wir ihnen keine höhere Absicht zumessen, wie etwa die Heiligkeit eines Raumes. Tatsächlich findet man in

^ Zyklopische Mauern von Riesen am Tel Hebron

einigen dieser verborgenen Räume an die Höhlenwände geritzte Figuren. Viele dieser Höhlen sind voll mit kleinen Opfernischen, die ein Hinweis sind auf die Beziehung zwischen der kanaanitischen Bevölkerung und den Riesen. Alle Mythologien der Antike beschreiben ihre Götter als Familien von Riesen. Eine solche in Hebron ansässige Familie, aus vier Riesen bestehend, wird namentlich genannt. Im nahe gelegenen *Kiriat Sefer* existierte ebenso eine solche Familie, bis sie von *Otniel Ben Knaz* zur Zeit der israelitischen Landeinnahme bezwungen wurde. Natürlich würden die Kanaaniter zu den Tempeln oder Versammlungsorten dieser mythischen Übermenschen Opfergaben bringen. Tatsächlich bestätigen die Bet-Guvrin Höhlen in einmaliger Weise, was wir von der Thora über das alte Kanaan wissen.

Wer hat diese einzigartigen Höhlen geschaffen? Warum gibt es so viele von ihnen? Was wussten oder glaubten die alten Kanaaniter über diese Höhlenbewohner? Auf diese Fragen werden wir nie alle Antworten bekommen. Wir wissen nur, dass die Thora uns auf diese verschiedenen Arten von Riesen, die *Bnei Anak*, die einst im Lande wohnten, aufmerksam macht. Die Thora gibt uns fünf verschiedene Namen von ihnen, angefangen von *Og* auf den Golan Höhen bis zu *Arba* und seinen Söhnen in Hebron, und mit Gottes Hilfe konnte Israel deren Land in Besitz nehmen.

1 – Goschen
2 – Der Durchzug durch Yam Suf
3 – Die Marschrichtung des Exodus
4 – Berg Sinai
5 – Kadesch-Barnea/ Petra

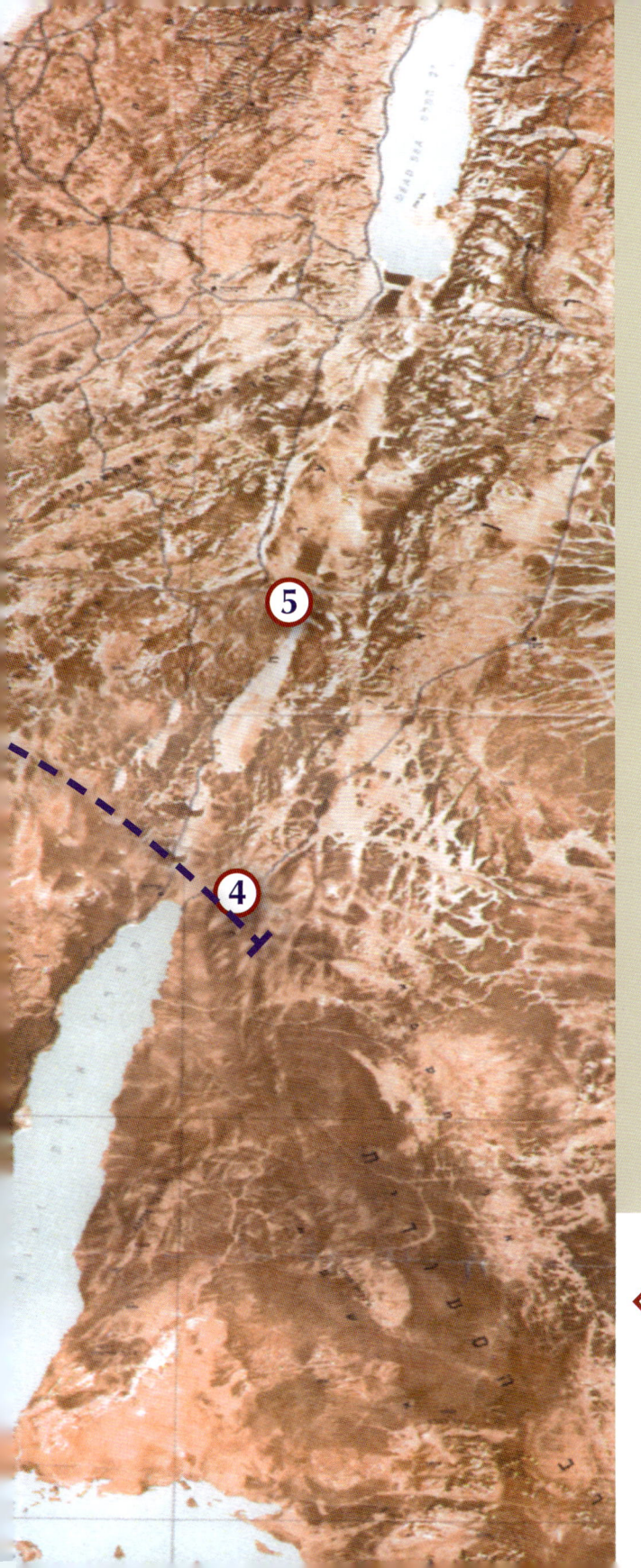

Die Marsch-richtung des Exodus von Goschen nach Midian

Die Nation am Berg Sinai

❮ Die Exodus Route vom Golf von Suez bis zum Golf von Eilat

*E*in einfacher Blick auf die Karte von Ägypten zeigt uns, dass sich das Land Goschen, der Ausgangspunkt für den Exodus, im nordöstlichen Teil des Nildeltas befindet.[95] Heute verläuft der Suez-Kanal entlang dieses Grenzgebietes des alten Ägypten. Allerdings hat sich die Geografie des Landes Goschen verändert, weil der „*Schichor*", oder der Fluss von Ägypten, längst verschwunden ist infolge von Versandung, welche das Gebiet in eine Wüste verwandelt hat. Der „Schichor" markierte die östliche Flanke des Deltas und vom Land Goschen, bekannt als das „Land Ramses" (1. Mo 47,11). Josef siedelte die Stämme Israels in Goschen an. Hier befanden sich die Grenzfestungen von *Pitom* und *Ra'amses*, welche sie einst mit harter Sklavenarbeit bauen mussten. In späterer Zeit, während der hellenistischen Periode, wurden die Stadt, sowie die ganze Gegend als „Pelusium" bekannt. Yonatan ben Uziel, der berühmte Weise, übersetzte in seinem aramäischen Kommentar den Vers: Und sie bauten (die Israeliten) für den Pharao Vorratsstädte: Pitom und Ramses (2. Mo 1,11) folgendermaßen: „…die Städte Tanis und Pelusium".

Hier war das Tor nach Ägypten, und von hier aus führte der Weg entlang der Küstenstraße der Philister zum *Eretz Pelischtim* (Philisterland) und nach *Kanaan*. Um ihre Verfolger irrezuführen, kam der Vormarsch der Israeliten vor *Ba'al Zefon*, der schützenden Grenzgottheit, zum Stehen. Auf göttlichen Befehl hin drehten die Israeliten um, um sich nach Süden zur „Wüstenstraße" zu wenden in Richtung *Yam Suf*, ein Hinweis auf den Golf von Suez. Auf diese Weise wurden Pharao und seine Kriegswagen in die Richtung ihres Verderbens in die reißenden Fluten gelenkt. Man hat versucht, den Schauplatz für die Teilung des Meeres bei dem Großen Bittersee anzusiedeln (s. Karte). Der scheinbare Beweis dafür fände sich in der richtigen Lesart des Wortes „Rotes Meer" (Red Sea), das als „Schilfmeer" (Reed Sea)

---

95 Die Israeliten brachen von der Stadt Ra'amses im Land Goschen auf (2. Mo 12,37).

gelesen werden sollte, da Schilf hauptsächlich in Süßwasser gedeiht. *Yam Suf* übersetzt sich mit „Schilfmeer". Auch der Nil, wo einst die Wiege des kleinen Moses im Schilf versteckt war, besteht aus Süßwasser. Vor dem Bau des Suez-Kanals bestand der Große Bittersee auch aus Süßwasser.

Es besteht jedoch keine Notwendigkeit für diese Erklärung. Ein richtiges Verständnis von der Exodus-Route weist hin auf den Golf von Suez als den Schauplatz für das Wunder des geteilten Meeres. In ihrer Beschreibung von den südlichen Grenzen des Landes bezieht sich die Bibel ausdrücklich auf die beiden Verlängerungen des Roten

Pharao sollte irregeführt werden

Von Ra'amses aus bewegte sich der Marsch der Israeliten zunächst zur Wüste hin in Richtung Süden. Dann wandten sie sich auf Geheiß nach Norden und kampierten zwischen Migdol und dem Meer, in der Nähe „der Straße der Philister", die von mächtigen Festungen bewacht wurde. Dies war für Pharao ein deutliches Zeichen gewesen, dass sie verwirrt waren (2. Mo 14,3) und verleitete ihn dazu, ihnen nachzusetzen.

Meeres, nämlich auf den Golf von Suez und den Golf von Elat, wenn sie von *Yam Suf* spricht. Das Meer von *Suf* ist ein Eigenname. Lesen wir die Marschroute der Israeliten sachgemäß, dann müssen wir die Sinai-Wüste in die Nähe des Berges Sinai im Land Midian verlegen, wohingegen sich die Negev-Wüste überall bis zur Grenze Ägyptens erstreckt. Entsprechend setzte sich der Exodus-Marsch in Richtung des Golfes von Elat in Bewegung und durchquerte dabei den südlichen Negev auf einem viel benutzten Verkehrsweg. Diese Straße wird üblicherweise die Wüstenstraße genannt.[96] Diese Straße vermeidet ganz und gar die südliche Hälfte der Halbinsel

---

96 Diese Straße wird später als „Darb el Hadg" bekannt, als die Straße der Pilger von Ägypten nach Mekka, welche die Araba-Ebene durchquert und dann weiterführt nach Midian und darüber hinaus.

mit ihren zerklüfteten, unpassierbaren Granitbergen.[97] Diese viel benutzte Verkehrsstraße ist die kürzeste Verbindungsstrecke der Küstenstraße, bekannt als die *Via Maris,* in der Bibel aber die Straße der Philister genannt, mit dem Weg der Könige (siehe Karte). Auf dieser kürzesten Route gibt es allerdings eine Ausnahme, und zwar dort, wo sie den Schlenker zum *Yam Suf* (Golf von Suez) machen muss, der in Gottes Plan zum äußersten Glaubenstest für die Israeliten wurde. Die Königstraße (4. Mo 20,17) verbindet den Golf

Die Entfernung zwischen dem Berg Sinai und Kadesh-Barnea

betrug, so wird uns gesagt, elf Tage. Dies würde etwa der Entfernung von 160km entsprechen. In der aramäischen Übersetzung von Onkelos wird immer der Name Rekem Giah für Kadesh-Barnea gebraucht, das Tal von Rekem, womit Petra gemeint ist (5. Mo 1,2 und 1,19).

von Aqaba und das Land Midian sowie das angrenzende Land, mit dem Plateau von Moab. Als Mose damals zum Priester Jethro in Midian flüchtete, benutzte er diese viel bereiste „*Wüstenstraße*", in der Thora „*Derech Yam Suf*" genannt, die in Richtung Golf von Aqaba verläuft. Diese Entfernung wurde von den Israeliten in 36 Tagen zurückgelegt, vom 7. Tag des Passahfestes bis zum 1. Siwan, an dem sie den Berg Sinai erreichten.

Wenn wir ausgehen von nur 20 strammen Marschtagen, an denen man 15-20km am Tag zurücklegen konnte, würde dieser Zeitraum genau mit der Entfernung zwischen dem Golf von Suez und dem Plateau von Midian übereinstimmen. In einer gut recherchierten Stellungnahme wird der Berg

---

97 Zwischen den zerklüfteten Granitbergen gibt es fast kaum offene Ebenen, wie sie uns in der Bibel vom Berge Sinai beschrieben wird.

Sinai identifiziert mit *Jabel Al Lawz* im Norden von Midian, gegenüber dem Golf von Aqaba. Diese Lage macht Petra identisch mit *Kadesch-Barnea*, und der nah gelegene Berg Hor haHar zu dem Ort, an dem Aaron, der Hohepriester, begraben wurde.

∧ Eine Satelitenkarte vom Sinai und Yam Suf

Die israelitische
Besiedlung des
Landes Kanaan

Die jüdische
Transformation
des Landes

∧ Shomerah, antiker Wachturm,
in der Nähe von Bet-El

*I*ndem sich die Israeliten in den desolaten Berg- und Wüstengebieten des Landes ansiedelten, schafften sie sich praktisch ihren eigenen Lebensraum. Die Kanaaniter lebten hauptsächlich in den fruchtbaren Talebenen in der Nähe von Wasservorkommen. Ihr Besitzanteil am Land betrug nicht mehr als 25% der Gesamtfläche. Die steilen und felsigen Berggegenden waren mit dichten Eichenwäldern bewachsen, in denen

∧   Selbst die steilen Abhänge waren terrassiert

es kaum Wasserquellen gab. Es gab hier im Ganzen keine kanaanitische Besiedlung. Die wenigen Städte waren klein und unbedeutend.[98] In diesem Sinne schuf Israel mit harter Arbeit und landwirtschaftlichem

---

98 Das jebusitische Jerusalem umfasste gerade einmal 40 Dunam (km²) und dies trotz seiner Bedeutung als religiöses Zentrum des Landes. Die Ausnahme war Gibeon, das mit Josua Frieden schloss.

Erfindungsgeist eine fast ganz neue Landschaft.[99] Dies trifft besonders auf das Bergland von Judäa zu, das sich zum kulturellen und politischen Mittelpunkt entwickelte, mit Jerusalem als seiner Metropole. Nicht weniger als 46 neue Stadtzentren entstanden, zusammen mit ihren dörflichen Randbesiedlungen (Jos 15, 20-43).[100]

Die Judäischen Berge sind durchschnittlich 750m hoch, mit sehr steilen Abhängen und nur wenigen Tälern, die sich für den Ackerbau eignen. Sie sind dicht gedrängt mit nur wenigen Straßen, und bestehen aus hartem Kalk-und Dolomitgestein, das sich schwer bearbeiten lässt.[101] Zudem sind sie im Osten und Süden von Wüsten eingeschlossen, was wesentlich dazu beiträgt, dass der Regenfall abnimmt und unbeständiger wird. Doch trotz all dieser negativen Faktoren ist das Bergland von Juda dicht besiedelt, und es entwickelte sich dort eine intensive Agrarkultur. *Harei Yehuda*, die Berge Judas, die 74km vom Berg Baal Hatzor im Norden bis zum Tal von Beer Sheva im Süden reichen, waren das Herzland jüdischer Unabhängigkeit. In seiner langen Liste von Eroberungen in Kanaan zählt Josua auch das Gebirge Israel und das Gebirge Juda auf. Lange vor der Besiedlung des Landes nannte man sie bereits so (Jos 11,21).

Was motivierte und trieb die Israeliten an, sich im Hügelland und auch in den Wüstengebieten anzusiedeln? Es war gerade die Härte und Unerreichbarkeit der *Harei Yehuda* des jüdischen Berglandes, das von Wüsten auf beiden Seiten eingeschlossen ist, welches es zu jener jüdischen nationalen

---

99 Das Bergland von Judäa schließt die Schefela mit ein, das mittlere Hügelland, mit Anhöhen bis zu 450m.

100 Die groß angelegte organisierte Siedlungsaktivität auf nationaler Ebene ist die Antwort auf die von Archäologen gestellte Frage hinsichtlich der großen Anzahl von Israeliten, die das Land unter Josua in Besitz nahmen.

101 Vergleichsweise sind die Schomronberge offen und haben viele fruchtbare Täler, eine Fülle an Quellwasser und auch leichten Zugang zu ihnen. Das Gebiet von Benjamin befindet sich innerhalb von Judäa.

^ Ganz typisch für die Wüstenkultur sind Schaf- und Ziegenherden

Festung machte, in der sich jüdische Kultur ungehindert entwickeln konnte. Abgesehen von der wirtschaftlichen Notwendigkeit, erkannten die Israeliten auch in dieser Hügellandschaft die Erfüllung ihres göttlichen Auftrages. Wie es das Wort des Propheten sagt: „Ich werde aus Jakob Nachkommenschaft hervorgehen lassen und aus Juda einen Besitzer meiner Berge" (Jes 65,9). Jener Teil des Landes, das jeder Familie zufiel, wurde für sie zum heiligen Erbe, ihr Stolz und ihr Anteil an Heiligkeit. Die Früchte ihrer Felder verband sie mit dem Heiligen Tempel, dem sie ihre Erstlingsfrüchte, die *Bikurim*, als Opfer darbrachten.[102] Der Bauer musste nicht nur einen Anteil an die Armen abgeben, sondern auch an den Priester und die Leviten, die wiederum seine Felder segneten. Es musste reiner Wein und reines Olivenöl hergestellt werden, die sich für den Altar eigneten. Eine ganz wichtige und an das Land gebundene Gesetzesbeobachtung

---

102 Die Erstlingsfrüchte wurden in festlicher Prozession zum Tempel gebracht. Der Bauer erklärte feierlich: „Ich bezeuge heute dem Herrn, meinem Gott, dass ich in das Land gekommen bin, das uns zu geben der Herr unseren Vätern geschworen hat … Und nun siehe, ich habe die Erstlingsfrüchte des Landes gebracht, die Du, Herr, mir gegeben hast" (5. Mo 26,3f).

ist das Sabbatjahr. Es gibt dem Bauer die Möglichkeit, sich in den Dienst geistlichen Lebens zu stellen. Dabei ist die wichtigste Lektion, dass das Land Gott gehört. Aus all diesen geistlichen Faktoren zog der hebräische Landwirt jene Motivation, Kraft und Ausdauer, die nötig waren, um diese äußerst schwierigen Berge zu bewirtschaften und sie in einen blühenden Garten zu verwandeln.[103]

Wie konnte dieses Wunder an Produktivität zustande kommen? Verantwortlich dafür war zunächst eine Anzahl von landwirtschaftlichen Innovationen. Allen voran war es die Technik des Terrassenbaus. Dafür war eine übermenschliche Kraftanstrengung nötig, an der sich über viele Jahre hinweg alle Mitglieder einer Großfamilie beteiligten. Es wurden schätzungsweise über 60% der Jerusalemer Berge terrassiert. Dies kann auch von dem Großteil aller anderen dafür geeigneten Berghänge in den israelitischen Siedlungsgebieten gesagt werden. Nur ein hohes Maß an religiöser Motivation kann eine solche Errungenschaft auf nationaler Ebene erklären, die in der Welt unter die Spitzenleistungen zu rechnen ist. Einmalig an diesen Terrassen war die Tatsache, dass sie auch dem Anbau von Weizen und anderen Getreidearten dienlich waren. Die Mischna erwähnt mehrere Gemüsearten[104], die aus anderen Ländern eingeführt und auf den Terrassen angebaut wurden. Der Terrassenanbau trug dazu bei, die wiederkehrenden Dürreperioden erfolgreich zu überstehen, da selbst ein kleines Maß an Regenfall kaskadenartig von Terrasse zu Terrasse weitergeleitet wurde, sodass diese alle vom Segen erfasst wurden und kein Tropfen Wasser verloren ging. Man hatte die sehr steilen und steinigen Abhänge mit Obstbäumen, Olivenhainen und Weingärten bebaut. Auf diese Weise

---

103 Josua gab den Stämmen Efraim und Manasse den Rat, die dichten Eichenwälder in Schomron zu roden und so ihr Territorium zu erweitern (Jos 17,18).
104 Die Mischna in Maasrot 5:8 führt fünf Gemüsesorten an, die man ursprünglich von Nachbarländern einführte.

wurde jedes erdenkliche Stückchen Erde nutzbar gemacht, weil es *Admat Kodesch*, von Gott gegebene, heilige Erde war. Der hebräische Landwirt und seine gesamte Familie arbeiteten äußerst hart, doch gleichzeitig führten sie ein sehr geistliches Leben, das von einer großen national-jüdischen Vision getragen wurde.

Die zweite große Innovation war die *bor*, die wasserundurchlässige Zisterne. Die Kanaaniter wussten nicht, wie man Wasser in großen Mengen während der langen, trockenen Sommermonate speichern konnte. Der Kalkstein der Berge ist porös und rissig, und darum wasserdurchlässig. Die israelitische Erfindung, die Regenwasserzisternen wasserdicht zu machen, ermöglichte Leben und Landwirtschaft. Jeder jüdische Haushalt besaß eine Zisterne und in vielen Fällen auch eine *Mikwe*. Große, aus dem Felsen gehauene

˄ Industrielle Balsamproduktion an den Ufern des Toten Meeres

Ritualbäder waren das Kennzeichen einer jeder jüdischen Siedlung. Öffentliche Mikwen waren eine Notwendigkeit für die vielen Pilger, die an den Wallfahrtsfesten nach Jerusalem hinaufzogen. Es oblag den Tempelautoritäten, solche Zisternen zur Verfügung zu stellen und zu warten und dies besonders entlang der Wüstenstraßen.[105] So ist die Wasserversorgungstechnik auf hohem Niveau sichtbar, wo es sich um die bescheidenen Vorkommnisse von Wasserquellen in Judäa handelte: deren Wasserstärke wurde mithilfe von langen Tunneln vergrößert, indem man sie in die wassertragenden Gesteinsschichten hineintrieb. Auf diese Weise sammelten sich viele Wassertropfen zu einem Wasserbecken. Ein Meisterstück der Bautechnik waren die Aquädukte, die seit der salomonischen Zeit gebaut wurden. Sie sollten nicht nur den Tempelberg mit Wasser versorgen, sondern ebenso die riesigen Teiche, die von ihnen versorgt wurden. Bis zum heutigen Tag ist das Wassersystem von König Hiskia ein Wunderwerk. Der absolute Höhepunkt der Wasserbautechnik aber wurde in der Zeit der Hasmonäer erreicht. Ihr Aquädukt führte Wasser von den Quellen in der Nähe von Hebron bis zum Tempelberg. Die Länge dieses Aquäduktes betrug 63km mit einem

Intensivwirtschaft

In Jes 5,2 finden wir eine genaue Beschreibung von der mühsamen Arbeit, die investiert werden musste, bevor überhaupt ein Weinberg angelegt werden konnte. Zunächst mussten die Felsbrocken weggeschafft werden, izuk, dann mussten die vielen kleineren Steine aufgesammelt werden, sikul. Aus den Steinen wurden dann ein Wachturm und eine Zisterne gebaut, und eine Weinpresse aus dem Grundfelsen gehauen. Erst nach all dieser mühevollen Arbeit konnte der Weinberg angelegt werden.

---

105 Die Tosefta zu Schekalim 1:1 erwähnt drei unterschiedliche Typen von Zisternen, die man für die Pilger auf ihrem Weg nach Jerusalem bereitstellte. Solche Zisternen mussten jährlich gewartet werden.

F.W.Albrights Kommentar über die Landwirtschaftsrevolution

Nach F.W. Albright, dem großen amerikanischen Archäologen, war das Wasserdichtmachen von Zisternen und Ritualbädern eine israelitische Erfindung. Der dafür verwendete Mörtel war eine Mischung aus Asche und dem Rückstand in Olivenpressen.

minimalen Gefälle von 0,1%! König Herodes ließ später einen parallelen Aquädukt bauen. Israelitische Expansionsbemühungen erstreckten sich notwendigerweise bis hin zum dürren und unfruchtbaren Süden des Landes und zum Negev, wo es keine kanaanitische Präsenz mehr gab. Die Motivation dafür lag klar in dem Auftrag, das für die Stämme Juda und Simeon vorgesehene Land in Besitz zu nehmen. In dem Judäischen Bergland südlich von Hebron nimmt der Regenfall zusehends ab, da es nahtlos in die Judäische Wüste übergeht. Die trockenen Bedingungen in diesem Gebiet werden uns sehr lebendig vor Augen geführt in dem Bericht über *Achsa*, der Tochter *Kaleb*s, die nicht glücklich war über das Land, das ihrer Familie südlich von Hebron zugeteilt worden war. Vor ihrem Vater sprang sie von ihrem Esel herunter und sagte: „Gib mir einen Segen! Denn ein dürres Südland hast du mir gegeben. So gib mir auch Wasserquellen!" (Jos 15,19).[106] Dennoch wurden zahlreiche Städte und Dörfer, zum Stamm Juda gehörig, in diesem semiariden Hügelland geschaffen, wie etwa Eschtemoa, Yativ, Karmel, Maon und Sif. Ihr Lebensunterhalt basierte auf Schaf-und Ziegenherden[107], sowie auf intensiver Landwirtschaft in den trockenen Wadis, in denen man die Winterfluten staute. Der geringe Regenfall wurde in viele Zisternen geleitet. Es war der Stolz König Usijas

---

106 Kaleb gab ihr dann die oberen und unteren *gullo*t. Man versteht darunter die künstlich angestauten Teiche, wie sie typisch sind für die trockenen Wüstenströme (Wadis), nachdem diese nach gelegentlich sturzartigen Winterregenfällen überflutet werden.
107 *Nabal* aus Karmel und Maon besaß große Schaf-und Ziegenherden (1.Sam 25,2).

^ Eine befestigte Synagoge in Susia, einer blühenden Wüstenstadt

gewesen, viele Zisternen im ganzen Land, sowie in den Wüstengebieten, gegraben zu haben (2. Chr 26,10)[108]. In der Zeit König Salomons wurden zahlreiche Festungsstädte im Süden und in der Negev gebaut, wie etwa Arad, Beer Scheva, Aroer, und Kadesch-Barnea. *Ein Hatzeva* und das bekannte *Ezion Geber* befanden sich im Wüstengebiet der Araba. Obwohl diese zur Bewachung der Grenzgebiete erbaut wurden, waren ihre Soldaten doch ebenso Siedler, die auch gleichzeitig Landwirtschaft und Viehzucht trieben. Trotz ihres Wüstenumfeldes lebten die Israeliten in den vielen Städten der trockenen Südgebiete jedoch nicht wie Beduinen, sondern besaßen bereits ein hohes kulturelles Niveau. Sie betrieben eine äußerst entwickelte Agrarkultur und in ihren Städten gab es unzählige Zisternen und Ritualbäder.[109] Die beträchtlichen Ruinen von Synagogen, die man an

---

108 Die Nabatäer wurden die „Herren des Negev" genannt. Sie bauten Städte entlang der „Gewürzstraße" und waren Meister der Wüstenlandschaft. Die Israeliten hatten schon Jahrhunderte vor ihnen diese Techniken beherrscht.
109 Diese organisierten Stadtgemeinden siechten noch einige Zeit nach den arabischen Eroberungen (638 n.d.Z.) dahin, doch nicht mehr lange Zeit, da ihr Lebensunterhalt abhängig war vom Handel und sicheren Straßen.

Orten wie Maon, Aniam, Susia und anderswo fand, zeugen unwiderlegbar für ihren städtischen Charakter, obwohl die meisten dieser Städte aus der späteren Bar-Kochba Periode des 2. Jahrhunderts n.d.Z. stammen und erbaut wurden von Flüchtlingen aus dem Norden. Doch diese Flüchtlinge siedelten sich nicht in eine unbewohnte Gegend an. Frühere Gemeinschaften hatten hier bereits existiert, die in die Zeit des Ersten Tempels datiert werden. Susia war wohl die renommierteste unter einer Anzahl von ähnlichen Wüstenstädten. Die weitläufigen Ruinen von Susia sind ein beredtes Zeugnis für eine einst blühende Stadtkultur in der Wüste.[110]

Ruinen der Stadt Susia. Unter jedem Innenhof befand sich eine Höhle.

Ein weiteres Gebiet, das von den Hebräern in einmaliger Weise entwickelt wurde, sind das Jordantal und die Ufer des Toten Meeres. Das tropische Klima und der Überfluss an Wasser ermöglichten hier eine intensive Landwirtschaft mithilfe von Bewässerungstechniken. Die berühmtesten Produkte aus dieser Gegend waren die Parfüms und Narden von Ein Gedi und anderen Oasen. Schon König Salomon wusste um ihren Ruhm. In

---

110 Nicht weniger als sechs Städte entlang des Salzmeeres werden erwähnt (Jos 15,62).

∧   Eine Grabeshöhle in Susia

seinem *Hohelied* erwähnt er nicht weniger als fünf von diesen kostbaren Ein Gedi Düften (Hoh. 1,12-14; 3,6). Es gab auch Weihrauch-Plantagen und im Jordantal wurden Dattelpalmen angepflanzt. Jericho war ganz besonders dafür bekannt und diente zudem der Stadt Jerusalem als deren blühender Garten, während die Judäische Wüste den Tempel mit einer großen Anzahl von Schafen und Ziegen für den Opferdienst versorgte.

Die intensive Agrarwirtschaft der Hebräer wurde inspiriert von dem Segen, der in der Thora beschrieben wird: „…ein Land, in dem du nicht in Armut dein Brot essen wirst, in dem es dir an nichts fehlen wird" (5. Mo 8,9). Der Überschuss an Wein und Olivenöl wurde in andere Länder exportiert. Das geflügelte Wort vom „Land, das von Milch und Honig überfließt", wurde in ein Land von Weizen, Wein und Olivenöl übersetzt. Der große Botaniker

Noga Hareuveni lieferte den Beweis dafür, dass „Milch und Honig" eine Metapher ist für den ursprünglichen Zustand des Landes.[111] Bei ihrem Einzug ins Land mit ihren Schaf- und Ziegenherden fanden die Israeliten viel gutes Weideland vor. Somit gab es auch Milch in Fülle. Man fand auch zwischen den Felsen des unkultivierten Landes jede Menge Bienenstöcke.[112] Als sich aber die Israeliten inmitten der noch unbearbeiteten Hügel niederließen und jede einzelne Familie ihren zugewiesenen Landanteil urbar machte und bewirtschaftete, wurde das Land allmählich umgewandelt in ein *eretz dagan tirosch ve'yitzahar*, in ein *Land des Brotgetreides, des Weines und Olivenöls*.

---

111 In seinem beeindruckenden Projekt *Neot Kedumim* brachte Noga Haneuveni die ursprünglichen Landschaften wieder zu neuem Leben, wie sie vor der Kultivierung Israels existiert hatten.
112 Unter den typischen Früchten des Landes verweist man auch auf Datteln als „Honig" (5. Mo 8,8).

Die Heimkehr des Volkes Israel ins Land der Sümpfe

Der Test der Malaria-verseuchten Sümpfe

∧ Sanddünen bedeckten 30% der Küstenregion

*D*ie zentrale Küstenebene Israels war in alter Zeit bekannt als „die Scharonebene". Doch in Hunderten von Jahren verfiel sie gänzlich zu einem von Malaria verseuchten Sumpfgebiet, und große Teile versanken unter Sanddünen. Dieser Prozess beschleunigte sich nach dem Abzug der Kreuzfahrer im 13. Jahrhundert und dauerte 700 Jahre ungehindert an, sodass der Punkt erreicht wurde, wo sie fast völlig menschenleer wurde und es keine blühenden Städte wie ehemals gab. Was zu diesem desolaten Zustand führte, war eine Kombination von einzigartigen geografischen Gegebenheiten und einer von Menschen verursachten Vernachlässigung. Die Mameluken zerstörten absichtlich die Schutzmauern einiger wichtiger Städte wie Aschkelon und Cäsarea.[113] Sie förderten bewusst eine solche Zerstörung, weil sie Angst vor weiteren Kreuzfahrer-Invasionen von der Küste her hatten. Da es keine Zentralregierung gab, die sich um die Instandhaltung von Flüssen kümmerte, um ihre jahreszeitlich bedingten Überflutungen unter Kontrolle zu halten, entwickelten sich an ihren Mündungen Sumpfgebiete.

Ein auffälliges Merkmal der Küstenebene sind die drei- oder vierfach parallel laufenden Sandsteinformationen, die vor Ort als *Kurkar*-Gestein bekannt sind. Diese Hügelablagerungen mit einer durchschnittlichen Höhe von 50m verlaufen alle in einer Süd-Nord Richtung, parallel zur gesamten Länge der Küstenebene. Diese sehr ungewöhnlichen niedrigen Hügelketten sind aus Sandstein versteinerte Dünen und stellen uralte Küstenlinien dar. Die langen Täler zwischen den Hügelketten haben die Form breiter Rinnen. Wenn die Winterregenfälle in den Bergen von Schomron und dem Karmel, die sich in fünf Hauptflüssen sammeln, in diese Täler in Sturzfluten herabströmen, bilden sich hier jahreszeitliche Sümpfe. Schon die frühen Kanaaniter wuss-

---

113 Der Mameluken Sultan Baybars eroberte Cäsarea im Jahre 1265. Seine Armeen schlugen aber ebenso die Mongolen, die den ganzen Osten, einschließlich Israel, in Trümmer legten.

↑ Ein antiker kanaanitischer Kanal durch eine „Kurkar" Ablagerung

ten, wie man diese Wasserfluten regulieren konnte, indem sie die Lücken in den Kurkarablagerungen weiteten oder ganz neue Öffnungen schafften. Doch wurden diese Kanäle oft von der von den Hügeln heruntergeschwemmten Erde verstopft und bedurften deshalb der regelmäßigen Entschlammung. Außerdem musste der Ausfluss von Quellwasser in den Bergen regelmäßig begradigt, und die Mündung des Flusses ins Meer vom Schlick befreit werden. Wenn dies nicht geschah, bildeten sich Sandbänke, die für den Fluss zum Hindernis wurden. Ein weiterer Grund für den desolaten Zustand dieser Küstengebiete war das Brachliegen der Terrassenkultur im Bergland, die dazu führte, die Erosion der Hügelabhänge voranzutreiben.[114]

Ein weiteres typisches Phänomen dieser Küstenregion war die Formation ausgedehnter Sanddünen entlang der gesamten Küstenlänge. Die vom Nildelta nordwärts fließenden Meeresströmungen schwemmen große Mengen von Sand an die Küsten. Ein stetiger Seewind trägt den Sand ins Land, besonders hinauf durch die Flussmündungen. Auf diese Weise wurden große Gebiete von einst bewirtschaftetem Land mit Sand überdeckt.

---

114 Die Vernachlässigung der Straßenwartung führte dazu, dass Kamele wieder zum Haupttransportmittel wurden. Erst nach 1860, mit der Konstruktion einiger Straßen, konnten wieder Wagen und Kutschen eingesetzt werden.

↖ Die Drainage von Sümpfen im Jezreeltal mithilfe von Entwässerungskanälen

Wenn sich ein solcher Prozess ungehindert weiter fortsetzt – wie dies über Jahrhunderte geschah – wird großer Schaden angerichtet. Als Beispiel dafür dient das Hadera-Cäsarea Gebiet, wo viele Kilometer von Nutzland in eine öde Sanddünenlandschaft umgewandelt wurden.

Man kann nur staunen über das Wunder dieses schicksalhaften Werdegangs, der die Grundlagen für das moderne Israel gerade in diese Küstenebene zu legen vermochte. Nichts als die Verwahrlosung dieser Gebiete und die fast gänzliche Abwesenheit einer ansässigen Bevölkerung waren nötig für eine Neuansiedlung auf einem potentiell guten Boden. Große Landgebiete wurden von der Jewish Agency zu erschwinglichen Preisen für eine jüdische Besiedlung erworben. Allerdings wurde ein sehr hoher Preis an Leben bezahlt mit den an Malariafieber tödlich erkrankten Opfern. Die leeren Sanddünen-Landstriche waren ideal für Städteentwicklungen und konnten zu niedrigen Preisen erworben werden. So wurden nicht nur Achuzat Bayit, die Vorläuferstadt von Tel

Die Moskitos als Killer der einheimischen Bevölkerung

Die sesshaften Araber wurden in der gleichen Weise dahingerafft wie die neuen Siedler, nämlich durch die tödliche Anopheles Moskito. Sie bekamen Malariafieber und ihre Dörfer wurden entvölkert. Viele der Städte wie Sichem, Jenin und Tulkarem schrumpften zur Größe eines Dorfes. Die Bibel spricht von einem tödlichen Insekt, das vor den Israeliten hergeschickt wurde, um die Kanaaniter zu vertreiben (2Mo 23,28). Vielleicht darf man im all dieser Anopheles Moskito eine moderne Analogie verwenden.

Aviv, sondern auch viele andere Städte auf den Sanddünen errichtet.[115] Auf diese Weise wurde die frühe jüdische Besiedlungskarte von Sümpfen und Sanddünengebieten gezeichnet.[116]

Das Epos von der Gründung der Stadt Hadera (1891) kann als ein Beispiel dafür dienen, wie ein großes Sumpfgebiet jüdische Besiedlung ermöglichte. Im Auftrag der Organisation „Lovers of Zion" (Freunde Zions) wurde die größte Landfläche von über 30,000 km² im mittleren Teil der Küstenebene erworben. Im Zuge der Pogrome in Russland (1881) kamen jeden Monat Hunderte von neuen Immigranten im Hafen von Jaffa an. Trotz der warnenden Stimmen hinsichtlich der Gelbfiebergefahr war die Begeisterung über die Besiedlung vom grünen Gelobten Land um Hadera sehr groß.[117] Die Fläche des erworbenen Landes erstreckte sich vom Mittelmeer bis zum zweiten Kurkargürtel. Im nahgelegenen Küstenstreifen gab es ein Sanddünengebiet. Östlich von diesem öden

---

115 Zuerst wurden die Städte Herzelia, Holon und Netanja auf den Dünen errichtet. Später wurde der Bau von Städten wie Rischon Letzion, Hadera, usw. aufgrund niedriger Kaufpreise auf leeres Sanddünengebiet ausgeweitet.

116 Wegen der Sümpfe vermied die Via Maris die große internationale Küstenstraße, die Küstenebene und umging sie auf einer Straße, die am Fuße der Schomronberge entlangführte.

117 Der Name Hadera kommt aus dem Arabischen und nimmt Bezug auf die grünen Sümpfe. Es ist aber auch der arabische Name für Elias, „El Khader" genannt, der immer Grünende. Tatsächlich wird er zum Symbol für Spätsegen.

Landstrich verlief die tiefliegende, grüne Fläche von gutem Boden, bis sie auf die Kurkarhügel traf. Die neuen Siedler wussten aber nicht, dass die dichte Vegetation in den Sommermonaten auf Sumpfgebiet hinwies. Das Wissen um die tödliche, fiebererregende Anopheles Moskito war noch nicht vorhanden. Man sagte den nichtsahnenden Pionieren, dass der schädliche Dunst aus den Sümpfen

> ### Golda Meir kam als junge Pionierin zum Kibbutz Merchavia
>
> (1921). Sie schreibt in ihren Memoiren, dass das riesige Jezreeltal praktisch unbewohnt war, mit Ausnahme einiger dezimierten arabischen Dörfer, deren Bewohner an Malaria litten.

dafür verantwortlich wäre. Nach einigen Monaten vor Ort begannen die Menschen zu sterben. Bevor man sich versah, wurden viele der Siedler von Fieber geschüttelt und mussten von anderen versorgt werden. Viele Kinder starben in den Familien. Auf dem alten Friedhof von Hadera kann man viele kleine Grabsteine von Kindern sehen und auch Steine mit der Aufschrift: *Ploni Almoni*, d.h. „Name unbekannt". Neuankömmlinge starben so schnell, dass ihre Namen noch nicht einmal registriert worden waren. In den ersten zwanzig Jahren (1891 – 1910) starb die erschreckende Anzahl von 214 Menschen an Malaria und unter diesen befanden sich ganze Familien. Die Todesliste beläuft sich auf ein Drittel der Gesamtzahl der Siedler in dieser Zeit. Einer der Gründe für die hohe Sterblichkeitsziffer waren die Lebensbedingungen auf ganz engem Raum in dem alten Chan Gebäude, mit zwei Familien in einem Zimmer.

Die türkische Obrigkeit zerstörte wiederholt die neu errichteten Gebäude. Erst nach sechs Jahren gelang es den Pionieren, die Genehmigung für den Bau von Steinhäusern zu bekommen und dies infolge des Einflusses von Baron Rothschild bei den Türken. Trotz all dieser harten Umstände verließ kein einziger Siedler seine Stellung. Allmählich, mit dem Fortschritt

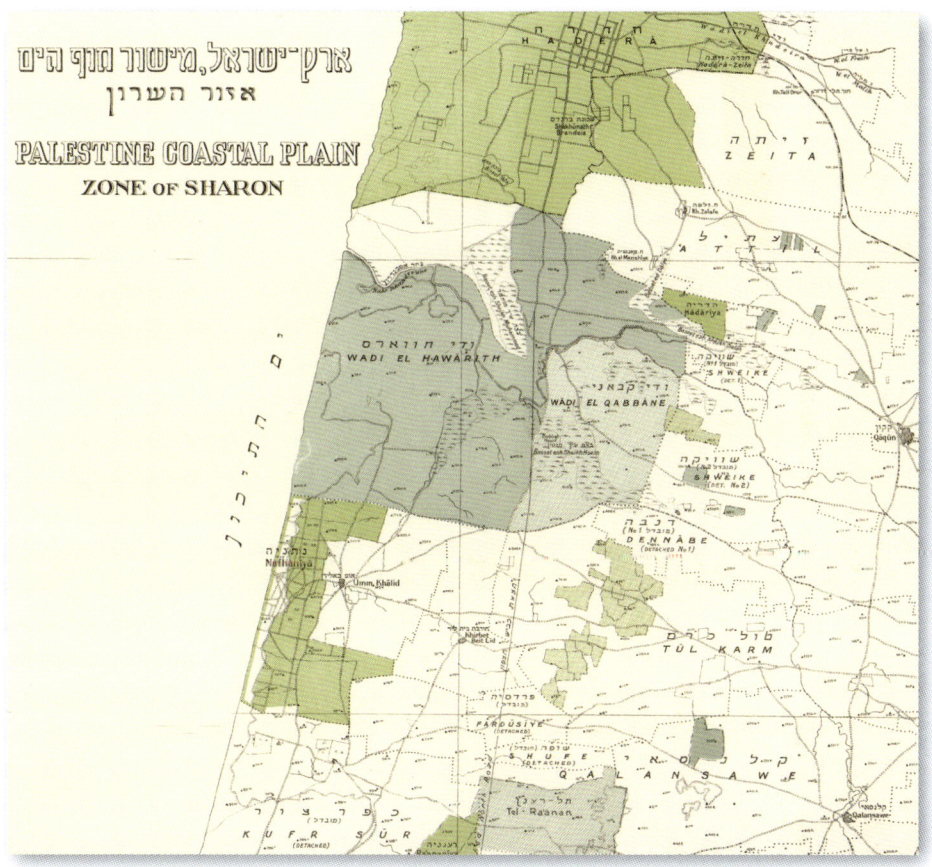

ᚁ Eine frühe Landkarte von der Küstenebene mit den ausgedehnten Sanddünengebieten

medizinischen Wissens um die Jahrhundertwende, entdeckte man den eigentlichen Verursacher all dieses Leides. Nach einigen Jahren wurden die Sümpfe trockengelegt und Hadera war auf dem Weg, eine blühende Siedlungsstadt zu werden.[118] Eine ähnliche Odyssee wie sie von Hadera

---

118 Die Sümpfe wurden mit der Unterstützung von Baron Rothschild trockengelegt und weiträumige Haine mit Eukalyptusbäumen angelegt. Erst später, aufgrund von Studien, wurde diese Methode der Sumpfent-wässerung als ungeeignet erklärt.

^ Das erste Pflügen auf dem neu gewonnen Land nach dem Entwässern
seiner Fiebersümpfe

durchlebt wurde, haben auch Gründungsgemeinschaften wie Petach
Tikva[119], Zichron Jakob, Rosch Pina und Yesod HaMa'aleh durchgemacht.
Man kann die Geschichten dieser Pioniergemeinschaften auf ihren Fried-
höfen nachlesen. Ihnen wurde die Ortsgründung ermöglicht durch den
Erwerb großer Landflächen von den arabischen Effendis (Herren). Diese
wiederum hatten diese Gebiete von den Obrigkeiten des Ottomanischen
Reiches, oder als Rückzahlung der Schulden von verarmten und dezimierten
arabischen Dorfbewohnern, bekommen. Bei allen Landverträgen mussten
arabische Fellahin (Dorfbewohner) entschädigt werden. Der am meist
gefeierte Landkauf war wohl die von dem berühmten Landkäufer Yehoschua
Chankin erworbene Jezreelebene. Er konnte dieses Abkommen mit der
Familie Sursuk schließen, abwesende Effendis von Beirut. Dieser Kauf schloss
auch das Harodtal mit ein. Diese tiefliegenden Talebenen, die sich etwa auf

---

119 Dieser Name wurde dem Propheten Hosea entnommen: „Dann gebe Ich ihr von dort aus Weinberge
und das Tal Achor als Tor der Hoffnung" (2,17: Heraushbg. des Autors). Dieser Vers wurde zum Motto des
gesamten Siedlungsunternehmens.

dem Meeresspiegelniveau befanden, konnten leicht überflutet werden und entwickelten sich somit zu Malaria-verseuchten Sümpfen. Schon zu biblischen Zeiten wurde das Jezreeltal vom Kischon überflutet.[120] Die Sümpfe entwickelten sich aber erst in späterer Zeit aufgrund von Verwahrlosung. Mehrere Pioniergemeinschaften (Kibbutzim und Moschavim) siedelten sich in diesen Tälern in den frühen zwanziger Jahren des letzten Jahrhunderts an. Das Jezreeltal, in liebender Erinnerung als „das Emek" bekannt, wurde in vielen Liedern besungen. Die heldenhafte Bezwingung der Sümpfe und das Leiden der Pioniere wurden zur Saga des Zionismus und schufen die Erfolgsgeschichte des frühen Yischuv (Vorläufer des Staates). In den dreißiger Jahren des 20. Jahrhunderts gelangen Yehoschua Chankin noch die letzten beiden Landverträge im Auftrag der Zionistischen Organisation. Der Erwerb des Emek Heffer (Wadi Hawarat), vom Bach Alexander durchflossen, wurde Teil des Herzlandes der Neubesiedlung. Das zweite Gebiet war das Bet-Schean Tal, wo sich die heldenhafte Geschichte der ersten Gründungssiedlungen wiederholte. Diese Talebene, ganz in der Nähe des Jordans, liegt in ihrem östlichen Teil 198m ü.d.M. Das Klima dort ist fast tropisch. Aufgrund seiner vielen Quellen und des überaus fruchtbaren Bodens stand es bereits in der Antike in dem Ruf, „der Eingang zum Garten Eden" zu sein.[121] Doch seine physischen Gegebenheiten machten es infolge von Vernachlässigung zu einem tödlichen Sumpfgebiet. Bevor dieses Tal wieder seine sprichwörtliche Fruchtbarkeit zurückgewinnen konnte, mussten seine ersten jüdischen Siedlungen, nämlich Tirat Zvi, Maoz Chaim[122] und Kfar Ruppin, durch viel Not und Elend gehen.

---

120 Der Sieg Baraks über die eisernen Kampfwagen Siseras ereignete sich in der Nähe des Baches Kischon, der scheinbar zu jener Zeit überflutet gewesen war. Davon sang die Prophetin Deborah in ihrem Siegeslied (Ri 5,21).

121 Der Talmud (Eruvin 19.) erklärt: „Wenn sich der Garten Eden im Land Israel befindet, dann ist das Tal Bet Schean mit Sicherheit seine Pforte" (übers.).

122 Dieser Kibbutz wurde 1937 gegründet. Im ersten Jahr seines Bestehens wurden 65% seiner Mitglieder vom Gelbfieber betroffen.

Die Grenzen der Heiligkeit

Israels biblische und natürliche Grenzen sind identisch

❮ Das biblische Israel wird durch natürliche Grenzen definiert

*D*ie Bibel beschreibt aus dem Grund die Grenzen des Landes, um die Heiligkeit des Landes nach außen hin abzugrenzen. Gott ratifizierte Seinen Bund mit den Vätern mittels der Vergabe des Landes an sie, welches als ein natürliches, geografisches Ganzes definiert wurde. Darum ist es auch nicht verwunderlich, dass nur eine einzige Linie vom Fluss Ägyptens im Südwesten bis zum großen Fluss, dem Euphrat, im fernen Nordosten gezogen wird. Diese eine diagonale Linie genügt, um das gesamte Land mit einem einzigen Strich genau zu bestimmen, welches wiederum als ein Land beschrieben wird, das von zehn Nationen bewohnt wurde (1. Mo 15,18).

Im weiteren Verlauf werden vier Grenzeckpunkte gegeben, die das Land durch zwei Linien markiert, die kreuzweise gedacht werden müssen. Eine Linie verbindet den Golf von Eilat (Yom Suf) mit der Küste der Philister. Eine andere Linie verbindet die Sinaiwüste mit einem Punkt auf dem Euphrat im fernen Nordosten (2. Mo 23,31). Es war genug, zwei Linien in der Form des Buchstabens X zu ziehen, um das Land als Ganzes zu umreißen. Dieses Muster wird dreimal in der Thora wiederholt und einmal im Buch Josua. Das einzige Mal, wo die Grenzen auf allen vier Seiten entlang wichtiger Geländemarkierungen abgesteckt wurden, war am Ende der Wüstenwanderung, als den Stämmen ihre jeweiligen Besiedlungsgebiete bei ihrem Eintritt ins Gelobte Land zugewiesen wurden (4. Mo 34, 3-12).

Selbst ein oberflächlicher Blick auf die Landkarte wird zeigen, warum es genügte, dass die Bibel einfach nur ferne Grenzpunkte des Landes diagonal verbindet. Es gab keinen Grund, die Grenzlinien genau zu beschreiben, weil das Gelobte Land sehr deutlich durch natürliche Grenzen bestimmt wird. In moderner geografischer Terminologie wird dies so ausgedrückt, dass das Land eine natürliche Verlängerung des Fruchtbaren Halbmondes ist. Die wie ein Halbmond geformte Ebene von Mesopotamien setzt sich westlich fort als der Libanon und Israel. Der Fruchtbare Halbmond ist bewohnbares Land, das eingeschlossen wird von der großen arabisch-syrischen Wüste, den hohen Bergen im Norden und dem Mittelmeer im Westen. In der Antike galt der Euphrat als eine natürliche Grenze, und man nannte das Gebiet jenseits dieses Flusses „Ever Hanahar", was sowohl politisch als auch geografisch ein getrenntes Gebilde bedeutet.

Das Land Kanaan, zum Gelobten Land geworden, ist ein relativ schmaler Streifen fruchtbaren Bodens, der vom Mittelmeer im Westen und im Osten von der Arabischen Wüste eingekeilt

Das Wort „Hebräer"

leitet sich ab von dem Wortstamm "לעבור" (lavor), „überschreiten". Es beschreibt Abraham, der sich von der Kultur Mesopotamiens loslöste, die in vieler Hinsicht die „Wiege der Zivilisation" war. Mit „Avraham Haivri" (Abraham der Hebräer) begann ein völlig neuer Weg menschlicher Entwicklung. Ihm wurde gesagt, dass er „heraustreten soll aus allen früheren Bindungen lecha lecha" (für dich selbst), indem er im physischen Sinne den Fluss, die große Scheide, überquerte.

wird. Im Norden erstreckte es sich bis zur alten Grenzstadt *Lewo Hamat* und dem Hohen Taurus-Amanus Gebirge, von dem die Bibel als dem *Hor-Harhar*, der großen Gebirgskette spricht. Im Süden bildet die Sinaiwüste und das Rote Meer, das Yam Suf, eine deutlich bestimmbare Grenze.[123]

Diese geografische Gesamtheit des Landes hat ihre ganz eigenen und klimatischen Gegebenheiten. Sie hat klar bestimmbare Nord-Süd-Zonen: Die Küstenebene, die zentrale Gebirgskette – ihre Rückgrat – die Jordanebene mit seiner Araba-Verlängerung und zum Osten hin das Plateau von Moab,

---

123 Beide Arme des Roten Meeres, der Golf von Suez und von Eilat, die den Sinai einrahmen, nennt die Bibel „Yam Suf".

Gilead, den Golan und das Hermongebirge. Die gleiche Struktur bestimmt den Norden bis zum Libanon. Diese Nord-Südeinteilung stellt zusammen mit der unter dem Meer liegenden Jordanebene eine starke Verteidigungslinie gegen den Osten dar. Dieselbe Barrierefunktion haben die beiden Wüsten im Süden und im Osten. Das milde Mittelmeerklima in der Küstenebene kommt ganz besonders der Landwirtschaft und den Menschen zugute. Man ist keinen Wetterextremen ausgesetzt. Die hohen Berge des Libanon sorgen für gute Wasserversorgung in den trockenen Sommermonaten. Alle diese natürlichen Gegebenheiten stellen den Segen des Landes dar.

Was man unter der Südgrenze versteht, hängt ab von dem, was man unter der biblischen Grenzbezeichnung „Fluss Ägyptens" versteht. Wenn sich dieser Name auf den Fluss bezieht, der die Grenze Ägyptens bildete, dann würde das Gelobte Land die gesamte Sinaihalbinsel mit einbeziehen, einschließlich Goschen. Ein solches Verständnis wird von der Bibel bestätigt, welche

Die richtige Bezeichnung für Sinai ist „Negev".

Es ist ziemlich wahrscheinlich, dass sich Saadia Gaon überhaupt nicht auf das nördlich gelegene El-Arisch bezog, sondern eher auf Sukkot als der 1. Station des Exodus nach Ra'amses (2. Mo 12,37). El-Arisch übersetzt sich als Sukkot im Arabischen. Nicht weit davon entfernt befand sich der ausgetrocknete Schichor.

die südliche Grenze an dem Golf von Eilat (Yam Suf) festmacht. Doch der große Bibelkommentator Saadia Gaon[124] setzte den Ausdruck „Fluss Ägyptens" – auch als „Bach Ägyptens" oder *Schichor* bekannt – mit dem Wadi El-Arisch gleich, das ganz im Norden liegt. In diesem Fall würde die südliche Grenze die Sinai Halbinsel ausschließen. Der Grund für

---

124 Saadia Gaon starb im Jahre 942 n.d.Z.

diese Diskrepanz in der Bestimmung der südlichen Grenze liegt in der völligen Veränderung der geografischen und politischen Gegebenheiten, die in dieser Region seit Hunderten von Jahren vor Saadia Gaon stattfanden.

Die berühmte Medeba-Karte aus dem 6. Jahrhundert zeigt noch das Nildelta mit einem östlichen Nilarm, bekannt als „Schichor", oder der „Fluss Ägyptens". Das fruchtbare Land von Goschen erstreckte sich auf beiden Seiten des Schichors, der die ursprüngliche historische Grenze Ägyptens markierte. Doch dieser Fluss Ägyptens verschwand und die ganze Region wurde zur Wüste. [125]

Der Fluss Ägyptens trocknete aus und Goschen verwandelte sich in eine Wüste.

Die große Veränderung im Land Goschen wird in 1. Mo 47,11 dokumentiert.
Der Pharao überließ Jakob und seiner Familie die besten Weidegebiete von Raamses zur Besiedlung. Der Targum Jonathan Ben Uziel übersetzt diesen Abschnitt folgendermaßen: „Sie wurden im guten Land Pelusium angesiedelt." Dieses „Pelusium" ist Goschen.

Selbst die bekannte Grenzstadt Pelusium versank unter dem Wüstensand. Auch hatte sich die politische Situation radikal verändert. Seit der arabischen Eroberung und der Teilung in eine separate, von Damaskus aus beherrschte Nordregion und eine von Kairo regierte Südregion, war die Grenze zwischen diesen beiden Gebieten tatsächlich Wadi El-Arisch, jetzt ein trockenes Wadi, das gelegentlich von Winterfluten erfasst wird. Wenn wir der Aufzählung von Josuas Feldzügen folgen, können wir einen logischen Ablauf der Ereignisse erkennen. Auf die göttliche Eroberung von Jericho folgt die Heiligung der Nation mit dem Bundesschwur zwischen Garizim und Ebal. Dieser bereitet das Volk vor für die kriegerischen Aus-

---

125 Das seichte Gewässer und das Riff, bekannt als „Sebha a'Bardawil" an der Küste des Sinais ist alles, was von der Mündung des Flusses noch übrig geblieben ist.

einandersetzungen mit einer Koalition von feindlich gesinnten Königen. Dann ruft der Schlachtplan dazu auf, das zentrale Bergland mit dem Grab der Patriarchen in Hebron zu sichern. Die Stiftshütte wird in Schilo errichtet und das Land mittels des göttlichen Loses nach Stämmen aufgeteilt. An diesem Punkt machten sich Josua und seine Krieger auf, die Grenzen des von Gott verheißenen Landes zu erreichen. Josua brach auf in den Süden und eroberte Goschen, den Geburtsort der Nation. Danach ging er einem wichtigen Abschnitt der Exodus-Route nach, indem er sich ostwärts wandte in Richtung Kadesch-Barnea in der Araba.[126] Von hier aus, während Israels Wüstenaufenthalts, waren die Kundschafter zu ihrer schicksalshaften Mission aufgebrochen. Josua wandte sich dann nach Westen zum Yam Suf und zum Fluss Ägyptens, um dort noch einmal die Wunder des Exodus mitzuerleben. In dieser Südexpedition wurde der gesamte Sinai als Teil des Erbes für die Stämme Yehuda und Simeon in Besitz genommen, welcher den gesamten Negev mit einbezog. Die Grenze von Juda lief am Fluss Ägyptens (Jos 15,4) aus.

In dem darauffolgenden Feldzug eroberte Josua den fernen Norden: das gesamte Gebiet des Libanon vom Berg Hermon bis Lewo Hamat und das Land der Sidoniten (Jos 13,5-6). Erst unter David und Salomon konnte jedoch die endgültige Inbesitznahme der verheißenen Grenzen erreicht werden. David berief die gesamte Nation ein – vom *Schichor Mizraim* bis *Lewo Hamat* – um an der Heimführung der Heiligen Bundeslade teilzunehmen, als diese von Kyriat Year'im zur Davidsstadt überführt wurde (1. Chr 13,5). Ebenso versammelte sich die gesamte Nation wieder in Jerusalem für die Einweihung des salomonischen Tempels (1. Kön 8,2ff). König Salomon herrschte über das gesamte Gebiet zwischen dem Euphrat

---

126 Targum Onkelos übersetzt Kadesh Barnea immer mit dem Tal von Rekem, womit Petra gemeint ist. Die Mischna im Traktat Gittin erklärt, dass Rekem im Osten liegt (Gittin, 1:2).

und der ägyptischen Grenze. Er ließ eine Flotte in Ezion-Geber, in der Nähe von Eilat am Ufer des Roten Meeres, bauen (1. Kön 9,26). Auf diese Weise erfüllten sich die Verheißungen an die Väter der Nation, Abraham, Isaak und Jakob, als die Grenzen de facto fest gegründet waren.

Somit entstand der Begriff *Chutz La'Aretz*, das Gebiet außerhalb der Grenzen des Landes. Die Heiligkeit des Landes drückt sich in seinen besonderen Gesetzen aus, die wiederum abgeleitet wurden von seiner Heiligkeit und dem heiligen Tempeldienst. „Beständig sind die Augen des Herrn, deines Gottes, darauf gerichtet..." (5. Mo 11,12). In einer späteren Zeit wurde der Boden anderer Länder als unrein erklärt (Mischna, Ohalot 2:3).[127]

Auf den ersten Blick sieht es so aus, als ob die Grenzen der tatsächlichen Besiedlung viel enger gesteckt waren als die, welche den Vätern versprochen waren. Doch zeigt sich bei genauer Untersuchung, dass sie identisch sind. Aktuelle Satellitenkarten zeigen dies ganz deutlich. Das Wort „Hebräer" ist abgeleitet von dem Ausdruck „über den Fluss hinüber". Es war Abrahams Ruf, aus der Zivilisation Mesopotamiens heraus zu gehen. Die von Mose ausgesandten Kundschafter erreichten *Lewo Hamat*, was von einigen für Antioch gehalten wird.

Die Tatsache, dass der semi-aride Süden von der Wasserversorgung des libanesischen Gebirges abhängig ist, gilt als ein Beweis dafür, dass diese beiden Regionen eine geografische Einheit bilden. Beide Arme des Roten Meeres, die den Sinai umgeben, werden in der Bibel „Yam Suf" genannt. Auf diese Weise wurden auch die südlichen Grenzen abgesteckt. Bei dem, was man im modernen Gebrauch „Sinai" nennt, handelt es sich jedoch um den biblischen Negev, wobei man die eigentliche Sinaiwüste südlich von

---

127 Man sagt, dass der Grund für dieses Verbot ein rein wirtschaftlicher war.

der Paranwüste lokalisieren muss. Die Israeliten erreichten die Sinaiwüste erst auf ihrem 5. Marschabschnitt, nämlich nach dem Wunder des geteilten *Yam Suf*. Sie überquerten das Meer, um Midian zu erreichen, das leicht nördlich vom Golf von Eilat gelegen ist. Erst danach erreichten sie den Berg Sinai. Der Berg selbst wird zu einem der vier Scheitelpunkte, welche die Grenzen des Heiligen Landes definieren.

Zum Autor

Yehuda Bohrer wurde in eine alte jüdische Familie in Gailingen am Oberrhein geboren. Sein Vater war Dr. Mordecai Bohrer, der im KZ Dachau umkam, während seine Familie 1940 noch nach Palästina entkommen konnte. Er selbst wuchs in Tel Aviv auf und studierte in Jerusalem an der Hebräischen Universität mit Abschluss Staatsexamen. Nach seinem Militärdienst erhielt er ein Stipendium an der Jeschiva University in New York und schloss dort seine Studien mit seiner Ordination als Rabbiner und einem Doktorat in Geschichte ab. Dort lernte er seine Frau kennen, mit der er 1971 nach Israel immigrierte. Während der nächsten 20 Jahre war er Dozent an der Hebräischen Universität in Tel Aviv für Jüdische Geschichte und Israel Studien. 1977 engagierte sich das Ehepaar bei der Neubesiedlung der Stadt Bet-El und der Errichtung von Schulen, deren Begründer sie wurden. Gegenwärtig bekleidet Rabbi Bohrer das Amt des Bildungsleiters in Bet-El.

Glossar

Adamat kodesch	heiliges, von Gott gegebenes Land
Amah	Sein Volk
Arur	verflucht
Avne algawisch	Feuersteine
Baruch	Segen, gesegnet, gepriesen
Benei neviim	Söhne/Jünger von Propheten
Bi'kurim	das Opfer der Erstlingsfrüchte
Brit	Bund, Vertrag
Chail azarah	Terrasse des Tempel Vorhofes, zu der man über eine Treppe gelangte
Chillul Haschem	Entehrung (wörtl. Fluch) des Namens Gottes
Chullin	entehrt
Churban	Zerstörung
Chutz la'aretz	außerhalb des Landes
Derek haAvot	Weg der Patriarchen
Elah	Terebinthe
Elon	Eiche
Elon moreh	Abrahams Eiche in der Ebene von Moreh
El Elyon	Gott der Höchste

Emek Shawe	Das Tal der Toleranz
Eretz	das Land
Eretz haBrit	das Land des Bundes
Even hashtiya	Grundstein (even= Stein)
Gai	Talenge
Geniza	Depot, Speicher… zur Aufbewahrung verbrauchter jüdischer liturgischer Schriften. Hier wurden nicht mehr lesbare Thorarollen oder andere Texte, die man nicht mehr benutzte, verschlossen. Abgelegt. Texte, die das Tetragrammaton (JHWH) oder andere Bezeichnungen Gottes enthalten, dürfen nicht einfach weggeworfen werden (zit. von Wikipedia vom Übers.)
Givat	Hügel
Ge'ulah	Diaspora
HaRav	Rabbiner
Immenu	unsere Mutter
Isch damim	Mann mit Blut an seinen Händen
(dam)	Blut
Ischah	Frau

Kabir	mächtig
Kappara	Sühneopfer
Kascher	rituell rein
Ketoret	Weihrauch
Kever	Grab
Kewurat Rachel	Begräbnisstätte Rachels
Kinyan	Besitzrecht
Kivrat haaretz	in großer Entfernung
Kodesch HaKodaschim	das Allerheiligste
Kol beRama nischmah	eine Stimme, die gehört wird in Rama
Kotel	Klagemauer
Lavan/laban	weiß/Laban
Luz (Baum)	Mandelbaum
Ma'ale Bet Horon	Bet-Horon Aufstieg (zur Anhöhe)
Maalot Har Habayit	Stufen zum Tempelberg
Machazit haSchekel	Halbschekel
Matzeva	Steinmonument
Me'arat haMachpela	das Doppelhöhlengrab der Patriarchen in Hebron
Meraglim	Kundschafter
Mesila	großer Höhenweg
Mikwe/ mikvaot	Ritualbad/-bäder
Mischkan	Stiftshütte
Mizbe'ach	Altar

Moschia	Erretter, Erlöser
Nachal	Wadi, Bach, enges Tal
Nebi Musa	mein Prophet Mose
Neot Kedumim	schönes Weideland, ursprüngliches Siedlungsgebiet
Oleh regel	zu Fuß hinauf gehen (nach Jerusalem)
Segula	gutes Omen
Sha'ar haRachamim	Tor der Barmherzigkeit
Shalem	heil, ganzheitlich
Shammas	(Synagogen)-Diener
Shatnez	die verbotene Vermischung von Wolle und Leinen in einem Kleidungstück
Schefela	Hügelgebiet westlich vom Bergland Juda und der Küstenebene
Tikun Rachel	Mitternachtsgebet am Grab Rahels
Tzinor	wörtl.: Röhre
Uchlusia	wörtl.: Bevölkerung, große Menge
Yaacov Avinu	Jakob unser Vater
Yad Avschalom	Absaloms Monument
Yehuda	Juda/Judäa
Yom Kippur	Versöhnungstag
Zaken	alter Lehrer
Zechut	Verdienst
Zohar	das Schriftwerk der Kabbala (Mystizismus)

Sächsische
Israelfreunde e.V.

Gottes Leidenschaft –
unser Auftrag.

Bildungs- und Begegnungszentrum
für jüdisch-christliche Geschichte und Kultur

Die Wurzeln des christlichen Glaubens entdecken in Reichenbach/Vogtland

KONTAKT/TERMIN-VEREINBARUNG

Bildungs- und
Begegnungszentrum
Wiesenstraße 62
08468 Reichenbach

Telefon: 03765 2573720

 VIDEO

Film über das Bildungs -
und Begegnungszentrum
online ansehen.

„Ideal für Schüler- und Gemeinde-gruppen."

Handwerker helfen Holocaustüberlebenden und sozial Bedürftigen in Israel

▶ VIDEO

Film über die Arbeit der Handwerker in Israel jetzt online anschauen:

DEUTSCH   HEBRÄISCH   ENGLISCH

KOORDINATION HANDWERKERDIENSTE

Michael Sawitzki
Rochlitzer Straße 6
09236 Claußnitz/Germany

Telefon: 0049 (0) 37202 2549
Telefax: 0049 (0) 37202 2553
Mobil: 0049 (0) 172 1004311
E-Mail: m.sawitzki@zum-leben.de

QR-CODE
KONTAKTDATEN

„Wiedergut-machung ist nicht möglich, aber das Herz kann erwärmt werden – und ihr habt mein Herz erwärmt. Und ich staune über Eure Liebe!"

[Zipporah, Jerusalem]

facettenreich
einzigartig
inspirierend

KONTAKT:

Werner Hartstock
Schönbacher Marktsteig 22
08468 Reichenbach
Telefon: 03765 719851
info@israelreise.de

ISRAELREISE.DE – EINFACH ANDERS

- Gemeinde- oder Gruppenreisen
- geführte Kleingruppenreisen
- individuelle Einzelreisen
- Rad- und Wanderreisen
- Ferienwohnungen und Ferienhäuser
- Fly & Drive, Hotels und Herbergen
- Kuraufenthalte am Toten Meer
- Newsletter mit Top-Angeboten
- Vorträge über Bibel, Land & Leute

„Diese Reise war schon anders als andere. Es hat Momente gegeben, wo wir tiefer in die israelische Gesellschaft haben blicken können als bei normalen Israel-Reisen."

[Barbara Nünlist, Winterthur, Schweiz]

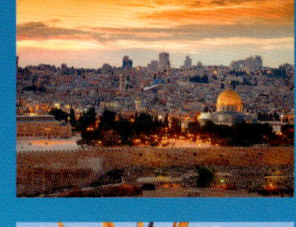

ISRAEL
Land of Creation